suncolor

suncolor

ハーバード・スタンフォード流「自分で考える力」が身につく へんな問題

哈佛×史丹佛

成就超一流邏輯思維的33問

鍛鍊AI時代能勝出的未來力

suncolor 三采文化

狩野未希——著 林詠純——譯

「優秀」的定義改變了

首先請看下列排行榜。

必備技能TOP 10

【二〇二〇年】

1 解決複雜問題的能力（Complex Problem Solving）

2 批判性思考（Critical Thinking）

3 創造力（Creativity）

【二〇一五年】

1 解決複雜問題的能力

2 人際關係協調力

3 管理能力

4	管理能力（People Management）	4	批判性思考
5	人際關係協調力（Coordinating with Others）	5	交涉能力
6	情緒智商（Emotional Intelligence）	6	品質管理
7	判斷與決斷的能力（Judgment and Decision Making）	7	服務導向
8	服務導向（Service Orientation）	8	判斷與決斷的能力
9	交涉能力（Negotiation）	9	積極聆聽
10	認知彈性（Cognitive Flexibility）	10	創造力

＊譯自Future of Jobs Report, World Economic Forum

這是世界經濟論壇先前預測的二〇一五年及二〇二〇年十大必備技能，雖然兩者的第一名都是「解決複雜問題的能力」，其他名次卻有相當大的變動。**「批判性思考」**從二〇一五年的第四名上升到二〇二〇年的第二名，**「創造力」**則從第十名一躍成為第三名。至於原本不在榜上的**「情緒智商」**（察覺自己或他人的情緒，以及控制自己情緒的能力）與**「認知彈性」**則在二〇二〇年上榜。

第一名「解決複雜問題的能力」的「複雜」是關鍵。解決問題的能力早已是理所當然的必備技能，所以從二〇一五年之後，便開始尋求能夠解決「複雜」問題的人才。技術革新、業界重組與環境變化等，使得世界變得愈來愈複雜，而問題也逐漸複雜化。所以解決「複雜」的問題才會成為必備能力。

為了解決複雜的問題，同樣需要具備「認知彈性」與「創造力」。問題的本質是什麼？這個問題與其他哪個問題互相關聯？如果缺乏這種認知上的彈性，問題就難以順利解決。此外，在瞬息萬變的社會，也需要能夠想出全新解決方案或商品、服務、概念的「創造力」。關於看待事物的彈性與創造力，在〈第1章〉之後將會詳細說明。尤其創造力被納入了二〇二一年的**PISA**（經濟合作暨發展組織的國際學生能力評量）評價標準，有可能更加受到重視。

至於二〇二〇年排名第二的批判性思考，正是本書的基礎，在歐美甚至被認為是「繼閱讀、寫作、算數之後的第四種能力」。所謂「批判性思考」的本質，就是「靠自己的大腦仔細思考，得出自己的答案」，也是一種「邏輯＋想像力」的思考法。根據邏輯爬梳想法的條理，運用想像力使思考更加深入，依此找出自己的解答。在全新的時代，我們需要的就是這類技能。

未來必備技能的預測之所以會在五年間有如此之大的變動，就是因為

AI（人工智慧）的存在。

我們身邊已經出現了各式各樣的AI工具，譬如能夠與人類對話的語音助理或掃地機器人等，如果技術研發更加進步，在不久的將來，AI將正式引進職場。甚至還有人認為，AI總有一天會搶走半數人類的飯碗。

當AI的存在已經變得習以為常，人類還能做些什麼呢？有沒有什麼「人類才辦得到的事情」，讓人類與AI能夠分出差別呢？二〇二〇年的「必備技能TOP 10」，就是為了回答這類問題所做出的排行榜。換句話說，這個排行榜就是「人類才具備的能力TOP 10」，甚至可以從中感受到人類想要展現意志的氣魄。新上榜的第六名「情緒智商」正是這種意志的體現。

自己「身為人類」「獨一無二的能力」是什麼

那麼，我們今後應該培養那些技能才好呢？

就結論而言，提升「身為人類」的技能，做「只有自己」辦得到的事情非常重要。機械擅長的工作就交給機械，人類則致力於人類拿手的事情，否則工作真的會被機械搶走。此外，最好不要再執著於別人輕易就能模仿的技能，因為這樣的技能AI也能複製。

「容易被電腦取代的工作」這項研究曾有一段時間蔚為話題，在七百〇二種成為研究對象的職業當中，最有可能被取代的職業之一就是「電話行銷」。[1]的確，透過話筒照著指示說話的工作，不管是別人還是AI都能做到。但只要擁有讓客戶覺得「因為這個人才讓我想買」的附加價值，就算電話行銷這個職業消失，也可以把這項技能應用在其他工作上。我能夠創造出什麼獨一無二的價值？又該如何創造？這是必須拚命思考的問題。

1 Carl Benedikt Freyand Michael A.O sborne, "The Future of Employment: How Susceptible Are Jobsto Computerisation?"（2013）

尤其日本在戰後時期有過度重視正確答案的風氣，認為任何問題都有標準解答。當時的人們相信，不只是在學校，在社會、職場上都應該有「模範解答集」。長久以來被灌輸這樣的觀念，導致人們認為能夠確實提出解答集中的「標準答案」，能夠說出與眾人相同的答案，才是「優秀」的人才。

然而時代改變了。只會回答與大家同樣的答案，將會被AI取代。現在唯有提出獨一無二、無可取代的答案，才稱得上「優秀」。這樣的時代已經到來。

這本書的目的是訓練「思考力」，幫助讀者提出獨一無二的答案。我長年在大學等機構教授批判性思考，並持續與「該如何讓學生提出自己的答案」這個問題纏鬥。一方面也是因為日本的學校教育幾乎沒有教過「思考」，所以我在剛開始教這門課的時候，讀了許多「該如何有效傳授思考」的資料。當時我參閱的資料就是哈佛大學的教育計畫，以及史丹佛大學提升創造力的課程，讓學生在享受思考的過程中確實培養能力。我相當驚訝，原來有這麼厲害的指導方式。

接下來介紹給各位的「思考力訓練」，就是參考這些海外一流大學的方法，以及美國高中常見的批判性思考課程。無論哪種訓練，我都在課堂上感受到實際的效果。

這些訓練當中也出現許多怪問題。為了磨練專屬於自己、無論是別人還是AI都模仿不來的獨一無二思考力，我們不能用普通的方式思考普通的事情。為了喚醒存在於各位內在的獨特思考，絕對不能缺少怪問題。

我不是AI專家，也不知道人類的工作最後會被搶走多少，又會如何被搶走，但只有一點可以肯定，現在這樣的狀況是千載難逢的機會。

我想人類存在的意義未曾遇過如此之大的挑戰。畢竟無論馬匹如何俐落地完成農耕作業，應該都不會有人認真煩惱「我的工作會被馬搶走，我必須想辦法不要輸給馬」吧？

但是很多人現在都感受到AI的威脅。換句話說，現在正是人類思考「自己能夠做什麼」的好時機，摸索自己獨一無二的能力，提升身而為人的技能。

這麼難得的機會當然不能浪費，就讓我們趁現在磨練新時代的必備技能，創造出獨一無二、屬於自己的獨特價值吧！

二〇一九年五月　狩野未希

【訓練的注意事項】

本書介紹的訓練是為了幫助讀者，用自己的頭腦仔細思考出獨一無二的答案。請各位遵守下列四條規則：

1 澈底拋開可能隱藏在某處的「正確答案的直覺」。千萬不能有「一般人可能會這樣想」或是「正確答案是什麼」的顧慮。

2 任何答案都可以（除了〈序章〉的第一個問題有正確答案）。如果擔心「這個答案會不會太離譜」，請想想看自己能不能說明「為什麼會這麼回答」。就算答案源自於野性的直覺，只要看似可以說明就沒問題。獨一無二的答案是否合理，端看你能不能負起說明的責任。

3 請把答案寫在紙上或輸入手機裡。因為在腦袋裡東想西想，會讓想法變得一團混亂。

4 請盡情享受怪問題。

目錄

第2章

第4章

擁有不輸給常識的「根據力」 131

第5章

第6章 懷疑常識與自己的理解

序 章

熱身一下

檢查基本邏輯思考的問題

已知A車站的商店每到星期一就會貼出「今天點數2倍送」的公告。

問題

下列兩種說法哪個正確？

1

如果A車站的商店沒有貼出「今天點數2倍送」的公告，今天就不是星期一。

2

如果A車站的商店貼出「今天點數2倍送」的公告，今天就是星期一。

＊注意：這個問題有「正確答案」。

提示

不要考慮線索以外的事情。

檢查你的邏輯力

先熱身一下，檢查各位的邏輯力。

處理邏輯問題的重點，在於不要考慮線索以外的事情。譬如「A車站的商店每到星期一就會貼出『今天點數2倍送』的公告」，這句話提供的資訊只有「如果今天是星期一，就會貼出公告」。大家往往會以為既然星期一貼出公告了，星期二就不會再貼了吧？但這句話完全沒有提到其他日子的狀況。

正確答案是①。因為星期一必定會貼出公告，所以如果沒有貼出公告（姑且就能確定）不是星期一。

選項②是錯的。將「每到星期一就會貼出公告」解釋成「如果貼出公告，今天就是星期一」，如同把「毛利先生在三月時心情雀躍」換成「如果毛利先生心情雀躍，現在就是三月」一樣。如果這種換句話說是正確的，代表毛利先生在放暑假或聖誕節時就不能有雀躍的心情了。

依照字面的意思理解、思考眼前的資訊，不擅加臆測或聯想，這就是邏輯的世界。

邏輯是「思考力」的基礎。本書介紹的「思考力」建立在批判性思考之上，而邏輯是奠定批判性思考的根基。

除此之外，批判性思考同樣重視**「事實與意見的界線」**。

事實可以靠著讓對方看、聽或觸摸證據來證明，至於意見，則是個人在腦中創造出來的想法，很可能每個人都不盡相同。

「地球是圓的」是事實，有照片可以證明這一點。至於「思考力是必須的」則是意見。雖然除了我之外，很多人都有這個想法，但也無法成為「證據」，畢竟你我身邊可能也有人認為「思考力並非必須的」。

事實重視的是「正確與否」，但是對意見來說，**「有沒有說服力」**才是關鍵。本書邀請各位思考各式各樣的意見，但在此請先牢記住一點——「世界上不存在正確的意見」。

「你的意見很正確」這樣的說法時有所聞，但這句話要表達的應該是「你的意見很有說服力」。畢竟這樣的說法很奇怪，不是嗎？決定某個意見是「正確」的，代表除此之外的意見就可視為「不正確」並且加以排除。這是絕對不能發生的事情。

事實靠的是「證據」；意見靠的是「根據」，也就是你提出這項意見

的理由。如果你的言論於理有據，自然就有說服力。說服力這件事細究起來也有許多複雜之處，有興趣者可參閱拙作《向哈佛菁英學思考：全球菁英都在學的自我意見建立法》（世界のエリートが学んできた「自分で考える力」の授業）。總而言之，意見的好壞，端看你能夠想出多具有說服力的理由。

至於決定擺在眼前的資訊是「事實」還是「意見」，這也是一種「意見」。畢竟我們會在腦中想著「這是事實（或意見），因為……」，不是嗎？

那麼，問題來了。

問題 1

「米老鼠擁有高人氣」是事實，還是意見？請思考理由。

一般會認為這是「意見」，因為每個人對於「高人氣」的理解都有細微的差異，而且也沒有斬釘截鐵的證據可以斷定「這就是高人氣的表現」。反之，如果事先定義「十個人裡面有八個人喜歡，就稱得上是『高人氣』」，那麼你也可以說這句話是事實。

我在各種場合對小學生到社會人士都問過這個問題，得到的答案千變萬化。我在大學課堂上提出這個問題時，某個學生說：「如果是米老鼠粉絲俱樂部的聚會，那麼單就這個場合來看，『米老鼠擁有高人氣』就是事實，不是嗎？雖然意見可能因人而異，但參與這個聚會的每個人一定都喜歡米老鼠，所以這就是事實，而不是意見。」

各位覺得他的說法合理嗎？

假設性的問題在思考力的世界能夠發揮莫大的力量。因為我們可以透過思考「假使今天我站在上司的立場」、「假如事情沒有照著計畫發展」等假設性的問題，來增加「觀點」。我想這位學生也想過：「在什麼情況下，『米老鼠擁有高人氣』才會成為事實呢？」粉絲俱樂部是個有趣的設定，我很佩服他能夠想到這點。

但是，請各位回想一下。我在前面提過「可能每個人的意見都不盡相同」，但這句話的意思**並不是每個人的意見都「必須不同」，而是可能不同，也可能相同。**

換句話說，如果因為意見可能因人而異，就在所有人想法一致的時候把「意見」當成「事實」，在邏輯上是說不通的。這就和前面提到的商店公告的問題一樣。這裡討論的雖然是「『意見』到底是什麼」的定義問題，但忠實地吸收、理解字面的內容，才是「思考」的第一步。

「邏輯世界」與「現實世界」

踏出第一步之後，就會有第二、第三步。那麼接下來就從「思考」這一步再稍微往前邁進吧！我們試著根據前面提到的「A車站的商店，每到星期一就會貼出『今天點數2倍送』的公告」這個問題繼續發展下去。

如果「A車站的商店，每到星期一就會貼出『今天點數2倍送』的公告」的資訊正確，那麼「如果A車站的商店沒有貼出『今天點數2倍送』的公告，今天就不是星期一」的推論也會是正確的吧？在邏輯的世界裡，這個推論確實沒錯。

但如果這件事情不是發生在純粹的邏輯世界，**而是現實生活中的某個場景呢？**

譬如某天你從A車站的商店前面經過，發現店家並沒有貼出「今天點數2倍送」的公告。

所以你想，今天應該不是星期一吧……你邊想邊看向手機，結果螢幕上清清楚楚地顯示著「星期一」。這到底是怎麼一回事！其實你不會感到這麼驚慌，因為你知道現實本來就會發生不合理的情況。

好的，問題來了。

問題 V

今天點數2倍送

A車站的商店每到星期一就會貼出「今天點數2倍送」的公告，但這天明明是星期一，卻沒有貼出公告。到底發生了什麼事呢？請你把所有想得到的可能性都列出來。

請盡情發揮你的想像力，盡情享受思考。

解答範例

這天碰巧沒有點數2倍送的活動；商店雇用了新的工讀生，不小心忘記貼出公告；公告被人踩壞了；自己的手機壞了；自己腦筋不清楚，其實今天不是星期一；手機上顯示的其實不是「星期一」，是自己看錯了；這裡不是A車站；是自己在作夢……

或許有些讀者會覺得，剛才明明還在說「忠實理解字面的資訊」，現在又突然要「發揮所有的想像力」，到底該怎麼做啊？請容我在此針對想像力與邏輯稍微說明一下。

假設有人主張：「很多日本人的英語都說得不好，因為日本人一直以來接受的都是重視閱讀的英語教育。」各位看到這句話有什麼感覺呢？有共鳴嗎？還是不太能接受呢？

會覺得這個主張缺乏說服力吧？

「重視閱讀的英語教育」與「很多人英語說得不好」之間或許存在某種關聯，但我們不能說重視閱讀的英語教育，就一定會導致許多人不擅長說英語。

如果你的主張缺乏說服力，代表這個主張缺乏邏輯。有邏輯，意味著你說明的方式讓任何人聽了都能接受；換句話說，就是你說明的形式具備說服力。

我們該怎麼做，才能讓缺乏邏輯的主張變得有邏輯呢？可以試著想想下列幾個問題。

●你可以想到其他的「根據」嗎？

譬如「日本有『察言觀色』的文化，所以人們一直以來都重視默默觀察勝過於說話」。

- **你可以反駁這個主張嗎？如果可以反駁，你的根據是什麼呢？**

譬如「現在有愈來愈多人英語說得好」。

- **這個主張有沒有什麼隱藏的前提？**

譬如前提應當先討論「閱讀與口說有沒有直接關聯」。

各位發現了嗎？無論是思考其他根據或反駁的方法，都必須具備從其他觀點切入的「想像力」。要讓某個主張符合邏輯，幾乎都靠想像力決勝負。

我想各位已經知道邏輯與想像力的關係密不可分，更進一步來說，想像力也是人類重要的「生存力」。

請各位稍微回想一下人生中的「大事」，譬如升學、就業、結婚、意外事故，或是驚動社會的重大事件——在這些事件當中，有多少能夠事先預測呢？我們常說「命運的邂逅」，但如果把「命運的○○」換個說法，不就是「日後回想起來，這個出乎意料的○○，只能說是『命運』」嗎？

無論如何努力發揮想像力，這個世界發生的事情都能夠輕易超越人類的想像。所以我們不能忘記去想像**「輕易超越自己過去的經驗或模式、完全出乎意料的事情」**，因為「在任何時候發生這些事都不足為奇」。

根據過去的經驗與模式計算出解答，這是AI的絕技。至於人類才具備的「思考力」則是想像力，這是一種非常重要的能力，而且愈是樂在其中，這個能力就會被磨練得愈強大。

接下來就讓我們進入本文，開始磨練思考力吧！

第 1 章

自己找出「答案」的思考法入門

See-Think-Wonder

鍛鍊基礎「思考力」的問題

請根據這幅畫回答下列問題。

問題

1 你看見了什麼？
請盡可能列出最多的「事實」。

2 你覺得到底發生了什麼事？
也請你思考這個想法的依據，
譬如「我覺得其實發生了某某事件，因為……」。

3 回答了1與2之後，
請至少舉出你腦中浮現的一個「疑問」。

＊注意：這個問題沒有「正確答案」。

提示

請先仔細觀察並理解。

「思考」從觀察開始

這個問題選自美國哈佛大學教育計畫衍生的作品，榮・理查特在《讓思考變得可見》（Ron Ritchhart, *Making Thinking Visible*）所介紹的思考法，接下來也會提到這本書中推薦的其他方法。我在課堂上曾實際嘗試過，並且體驗到其效果（我也為了配合日本人而調整了部分內容）。

這次使用的方法稱為 See-Think-Wonder，能夠**①透過仔細觀察畫面磨練理解力，②透過說明發生什麼事情鍛鍊邏輯力，③透過列出疑問點奠定想出獨自觀點的基礎**（第37頁的問題1、2、3，目的分別是這裡的①②③）。這些都是基本的思考力。而本章還有其他賦予根據說服力的訓練，這些訓練也能成為思考力的重要根基。

不過，各位或許會覺得怎麼突然就拿出一幅奇妙的畫呢？第36頁的畫有著絕妙的不可思議感，相當難以說明，最適合用來訓練大腦平常用不到的部分。

解答範例

1「類似高腳杯的物體上方，有著像雲一樣的東西」、「後面有山」。

2「其實這是時下流行的『借位』照片。把高腳杯擺在畫著巨大雲朵的窗前，從稍遠的地方按下快門，應該就能呈現這樣一幅風景」。

3「為什麼人們會被借位照片吸引呢？」

接著就讓我們進入問題的解說。

問題 1 你看見了什麼？請盡可能列出最多的「事實」。

「盡可能列出最多的事實」很簡單。

但「盡可能列出最多」是關鍵。能夠列出十個以上的事實，就稱得上具備相當程度的「觀察力和理解力」了。

話說回來，大家平常有多少機會「仔細」觀察（或是傾聽、閱讀）呢？**仔細觀察（傾聽、閱讀）是「思考」的基礎**。因為如果觀察得不夠仔細，就無法理解，而我們只有在理解之後才能開始思考。經常有人對不太了解的事物發表類似意見的言論，但照道理來說，面對不懂的事情，應該只能說「我不是很清楚」。

思考代表抱持著某種意見，也必須對自己的意見負起責任。首先必須為此仔細觀察，理解意見所針對的人、事、物。這麼做或許理所當然，但最好藉著這個問題確認。

問題 2 說明發生了什麼事情

賦予現實中不可能出現的風景某種解釋，並且說明解釋的根據「看吧，這樣解釋就很合理」，讓別人也能接受你的看法。

附帶一提，各位有沒有過雖然想到某個好點子，卻因為無法清楚說明而乾脆不說的經驗呢？因為「不會說明」就葬送寶貴的靈感實在很可惜。

雖然解答範例 2（第 39 頁）的答案就試著從現實的角度解釋這幅畫，但幻想（妄想）也很歡迎。無論是否符合現實，只要合理就行了。在此介紹小學生的回答，做為幻想式解答的範例。

解答範例

「高腳杯與雲是這個村子的象徵。這是為了紀念在過去從來沒有雲的村子裡，飄來的第一片雲。」

「這個世界是未來的世界，因為現在的世界沒有那麼大的玻璃杯。那個玻璃杯是吸收雲的機器，正在實驗可以吸進多少雲。」

小朋友們一下子就想到了這樣的解釋，他們腦中應該先有「為什麼玻璃杯會這麼大？」、「為什麼玻璃杯上會有雲？」之類的疑惑，才想到「象徵」與「未來」等解開疑惑的鑰匙。

但是，這當中或許也有人雖然想到了「其實這是○○」之類的解釋，卻沒有能力向別人清楚說明。

請這些人試著假設「如果這是〇〇……」。譬如，如果這是食物、家具、舞台布景……先做好設定再嘗試說明。舉例來說，「如果這是家具，就是覆蓋著鬆軟毛皮的沙發。由於採取前衛的設計，所以沙發的腳做成高腳杯的形狀。後方看到的山，其實是陳列沙發時的背景畫」等等。

任何解釋都是為了培養說明能力，訓練自己有條理地做出別人能夠接受的說明。加油！

問題 3 提出疑問

各位想到了哪些疑問呢？

在提出疑問時，**請先試著找出自己「不懂的事情」**。一旦找到了，提出疑問就會變得比較容易。

那麼在這裡就讓我們嘗試把不懂的事情轉換成疑問。這個練習特別推薦給不擅長想問題的人。請將回答寫在紙上或輸入手機裡，至少試著寫出十個回答。

解答範例

A　請看著第36頁的畫，將「不懂的事情」一一列出來。不管這件事情多微不足道、多愚蠢都沒關係。

B　請把A列出的「不懂的事情」分別轉換成問題。

例：「玻璃杯很巨大」（不懂的事情）↓「為什麼會如此巨大」（問題）

在此稍微岔開一下話題，我以前曾聽人說過，現在愈來愈多年輕人無法敏銳察覺自己的「不懂」。因為社群網站等的資訊多如洪水，他們太過於拚命想要更快地接收更多訊息，於是漸漸地不再問自己到底懂不懂眼前的資訊。

「不懂」的情緒是疑問、質問的原點。有些人在小時候對於不懂的事情抱持著單純的疑問，總是把「為什麼」掛在嘴邊，但這些人或許也在「這種事情不知道也無所謂」、「有時間想這種無聊的事情，還不如去念書」之類的回答當中，漸漸地養成了不問問題的習慣。不再問問題之後，就連思考「為什麼」的頻率也大幅降低了。

但「為什麼」很重要。雖然這個像是小朋友會問的問題，卻能成為獨立思考的基礎。譬如 iPhone 的操作方法，就源自於「為什麼電話需要按鈕」的疑問；而科學上的重大發現等，也源自於「為什麼物體會掉落地面」之類的單純問題。

然而即便我們看到蘋果從樹上掉落後，詢問身邊的大人「為什麼物體會掉落呢」，恐怕多數大人都會回答「就是這樣啊，有什麼好問的」。各位是否也曾有過在試著提出「到底為什麼」的疑問後，卻被「沒有為什麼」的答案打發的經驗呢？

透過懷疑「常識」產生獨特的觀點

我以前在電視上看某場一百公尺短跑比賽時，聽播報員說九．九九七秒就相當於一〇．〇〇秒，覺得很疑惑。為什麼九．九九七秒會變成一〇．〇〇秒呢？怎麼想都不合理。

當我拿這個問題去問田徑專家時，他們卻不覺得奇怪。他們說，直到二〇一八年的今天，田徑競賽項目的官方記錄依然沒有承認到〇．〇〇一秒，這是常識。

雖然覺得「既然是規定就只好接受」，但另一方面我也突然想到，隨著知識與經驗的累積，能夠用「常識」敷衍過去的事情增加，人類或許就會因此逐漸喪失「懷疑的能力」。我無意批評用「常識」解決問題，畢竟如果每件事情都要深究「為什麼」，工作也無法進行。但偶爾質疑「常識」這個大前提或許也不錯。

舉例來說，如果質疑「搭飛機當然要送上飛機餐」的前提，就能想到「省掉飛機餐，不就能讓飛機成為更便宜的移動工具嗎」，於是廉價航空就此誕生。此外，曾經流行過一段時間的透明飲料，也顛覆了「飲料一定有顏色」的前提。

有疑問不一定要出聲，但是應該要在自己腦中化為語言。否則不僅會漸漸感覺不到疑問，需要的時候也會問不出來。懷疑「常識」就能創造出自己的疑問，誕生獨特的觀點。

除了疑問之外，「根據」也很重要。無論想法再怎麼出色，只要沒有確切的根據說明「為什麼是這個想法」，就無法說服對方。

附帶一提，在會議之類的場合表達意見時，根據也很重要。因為根據能夠以具備說服力的形式（有邏輯地）展現贊成或反對。

〈第4章〉還會進行關於根據的訓練，在此我想要先磨練你們「判斷根據是否具備說服力」的直覺。

判斷直覺的練習

1 你覺得日本人應該學英語嗎？你為什麼會這麼想？請把根據寫出來，譬如寫在紙上，寫愈多愈好（最少5個）。

2 請將與1相反的答案（如果1回答「應該學英語」，這裡就是「不學也沒關係」）的根據寫出來，譬如寫在紙上，寫愈多愈好（最少5個）。

3 請將1與2寫出的根據，依照說服力的高低編號（最有說服力的根據為編號①）。

*注意：這個問題沒有「正確答案」。

練習1應該不用說明吧。

練習2「思考相反主張的根據」也是思考力的基礎。認為「絕對是A」的人，如果能夠思考「或許『不是A』也說得通，根據是……」，不僅得到客觀審視自己意見的機會，也必定能夠獲得更多的觀點，表達自己的意見時也不會再那麼武斷。請務必養成思考**「自己的意見可以反駁嗎？如果可以的話，根據是什麼呢？」**的習慣。

如果覺得反駁自己的意見會造成精神壓力，也可以問自己：「如果提出相反的主張，根據是什麼呢？」思考相反立場的根據，就能讓意見更有深度、更挑不出毛病。

練習3　接著是「依照說服力高低編號」。

在課堂上進行這項練習時，會使用便利貼與白板（或是把紙張打橫拼接成長約六十公分的「紙帶」）。

首先在白板之類的底板上畫一條大約六十公分長的橫線，中央為原點，兩端分別代表「贊成」與「反對」。接著在一張便利貼上寫一項根據，並沿著橫線排列，愈有說服力的根據位置愈靠近端點。這個方法在《讓

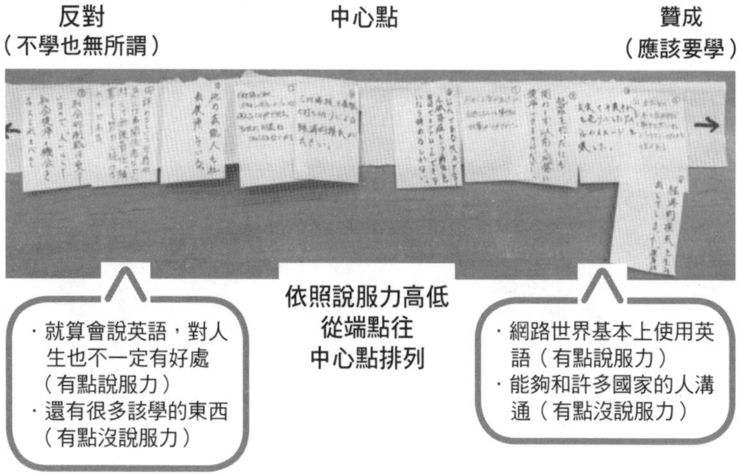
反對
（不學也無所謂）
中心點
贊成
（應該要學）
依照說服力高低
從端點往
中心點排列
·就算會說英語，對人生也不一定有好處（有點說服力）
·還有很多該學的東西（有點沒說服力）
·網路世界基本上使用英語（有點說服力）
·能夠和許多國家的人溝通（有點沒說服力）

思考變得可見》中稱為 Tug-of-War（「拔河」的意思。愈靠近端點力量愈強，因此而得名）。

至於分辨「根據是否具有說服力」的方法，大致來說，挑不出毛病的根據就「具有說服力」，而讓人想要吐槽的根據則「缺乏說服力」。客觀的資料，或是值得信賴的專家意見等，一般而言都會是「有說服力的根據」。

譬如我們針對「日本人應該學英語」，想到了以下這些根據：

- 為了應付全球化
- 為了增加更多的觀點
- 遇到換工作或移居海外之類的突發狀況時，英語就能成為生存技能

你能夠從這些根據當中挑出毛病嗎？舉例來說……

- 為了應付全球化↓如果機器翻譯更加發達，不就不再需要英語能力了嗎？
- 為了增加更多觀點↓英語之外的語言也能增加觀點啊！
- 遇到換工作或移居海外之類的突發狀況時，英語就能成為生存技能↓必要的生存技能不是只有英語

分別挑出各個根據的毛病之後，接下來就把焦點專注在挑出來的毛病，思考這個毛病「合不合理」。假設我們覺得「如果機器翻譯更加發達，

就不再需要英語能力了」與「英語之外的語言也能增加觀點」似乎有點道理，而吐槽能夠像這樣讓人接受，就代表原本的根據缺乏說服力。

至於「必要的生存技能不是只有英語」呢？

必要的技能「不是只有」英語，就代表承認英語的必要性吧？換句話說就相當於認同原本的根據（「英語是換工作或移居海外等突發事件的生存技能」）。「承認」的根據具有說服力，因此可以擺在「拔河繩」的贊成方端點。

再者，我們挑出了其餘兩個根據的毛病，使得這兩個根據都變得沒那麼有說服力，我們也該想想，到底哪個根據更薄弱。

- **為了應付全球化↓如果機器翻譯更加發達，不就不再需要英語能力了嗎？**
- **為了增加更多觀點↓英語之外的語言也能增加觀點啊！**

這回我們也同樣注意「吐槽」。「如果機器翻譯更加發達，不就不需要英語能力了嗎？」雖然覺得確實如此，但即使「機器翻譯發達」，也不能斷定絕對「不再需要英語能力」。

換句話說，這樣的吐槽相當薄弱。原則上，吐槽薄弱就相當於原本的根據有說服力，所以「為了應付全球化」雖然是沒那麼有說服力的根據，但還是有一定程度的道理。（基本上，如果判斷某個吐槽「薄弱」，就依照「思考這個根據還有沒有其他毛病↓要是想到其他毛病，再考慮這個吐槽的力道強弱」的順序，評估所有吐槽的強弱程度，判斷「這項根據有說服力／沒說服力」。「為了應付全球化」的這項根據，原本就多多少少具備一點說服力，所以在此就省略這道步驟。）

至於另一項吐槽「英語之外的語言也能增加觀點」一點也沒錯，似乎很難從中找碴。因此「雖然想找碴卻挑不出毛病的吐槽」所針對的根據，可以說相當缺乏說服力。

像這樣依照說服力的強弱，重新排列前述三項根據，就會得到「在換工作、移居海外等突發狀況下，英語就能成為生存技能」→「應付全球化」→「增加觀點」的結果。

接著也請你試著針對「不學英語也無所謂」的根據，像這樣吐槽並思考說服力的強弱。「不學英語也無所謂」的根據，舉例來說有「我認識很多不會說英語的人，但我也不覺得他們因此而吃虧」、「會說其他外語就夠了」等等。

說服力的有無，還有其他方法可以判斷。在進入下一章之前，先為各位介紹其中一項。

同時存在著根據A與結論B的情況下，我們可以思考：

假設A正確，能不能想到B以外的結論？

針對B這個結論，能不能想到比A更好的根據？

如果這兩個問題的答案都是否定的，那麼A就是「具有強烈說服力的根據」；如果其中一個答案是肯定的，那麼A則是「說服力不那麼強烈的根據」；如果兩者的答案都是肯定的，那麼A就成了「薄弱的根據」了。

我在本章開頭寫到「必須對自己的意見負起責任」——為了提升「自己」這個獨一無二的價值，最好能為自己的意見負責，為此也必須擁有穩固的根據。

換句話說，就是要能說出「這是我的意見，我的根據是○○，所以我能對這項意見負責」。這點想必會逐漸成為日後社會的新標準吧！

第 2 章

找出規則的能力

Creativity

找出
問題的規則

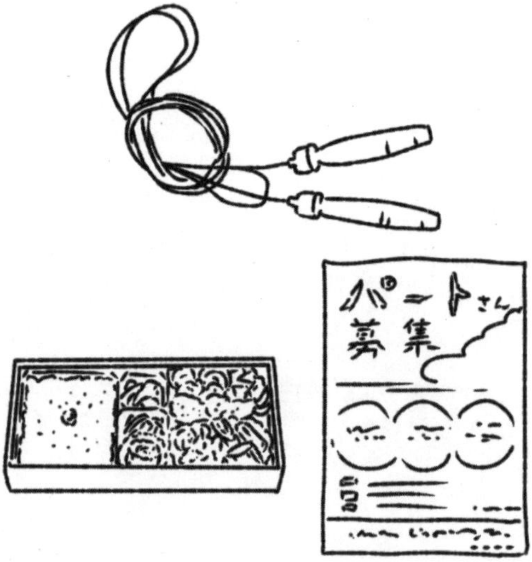

以下是關於某間店的問題。

問題

某間店發生了以下三種狀況。

1 跳繩開始熱銷。

2 便當銷路變差。

3 沒有張貼廣告招募兼職夥伴的必要了。

這三種狀況的背後，存在著什麼樣的因素？

＊注意：這個問題沒有「正確答案」。

提示

請找找看①至③的共通點，或是可以聯想到的關鍵字。

找出「規則」，而不是遵循「規則」思考

人世間的「規則」經常改變，但或許沒有其他時代像現在變化得那麼劇烈。終身雇用制已經不再是「常態」，從好學校畢業、進入好公司工作，也不保證能夠一路順遂。在瞬息萬變的時代，預測「○○或許會成為未來的規則」並採取行動，更是具有特別的意義。

然而很遺憾，日本人不太擅長自己找出規則。再者，即使發現了規則，也很難有效表達出來……我想這樣的人應該很多。

前頁的問題正是鍛鍊「自己找出規則的能力」。本章將訓練各位尋找規則的能力，以及有效描述規則的能力（創造力）。

解答範例

這家店附近的工廠被拆除，改建成適合家庭居住的大廈。（大廈蓋好後，搬來了許多小學生，造成跳繩熱銷①；反之，在工廠工作的人離開了，便當需求減少②，而希望從事兼職工作的家庭主婦則增加了③。）

「既有的框架」與「建立的框架」

如果前述的問題是：「工廠的舊址蓋了一棟大廈，你覺得會發生什麼事？」這樣事情就變簡單了，至少在日本接受教育的人會有這樣的感覺。因為在日本，先有結論（建立好的框架），再將想法個別填入框架中，這樣的思考方式無所不在。

從交換名片的步驟到傳統藝術表演，日本到處都是「規範」。每一個人都必須符合規範，「不偏離規範」就是「正確」。

在此請大家試著回想一下中學時使用的英文課本內容。譬如be動詞，課本中應該仔細說明了使用規則：第一人稱用am，第二人稱用are，第三人稱單數用is；Ken這個人是第三人稱，所以Ken也用is……然後接著就讓大家做習題，而習題通常設計成只要讀了到此為止介紹的規則，自然就能知道答案。

至於英美國家給外國人（非母語者）看的英語教科書，感覺就不一樣了，文法規則說明更加簡略。如果有十項規則，日本的教科書會十項全部說明，但英美的教科書只會說明六項左右，**其他的就請閱讀例句、做練習題，靠自己的力量來找出規則**。英美的教科書雖然告訴讀者大致的預備知識，但讀者必須透過例句或習題等個別範例，自己「建立」規則的框架。

為學習者設計的辭典也是如此。日本出版的辭典基本上會有鉅細靡遺的規則解說，加上一點點使用範例，而英美出版的辭典則只有簡潔的規則解說，其餘的請靠自己讀例句補足。

哪一種方式能把英語學得更好，我想應該因人而異。但英美的語言學習方式顯然更能夠培養找出規則的能力。

先學習規則，再將規則套用在習題中的「個案」，這樣的方法沒有錯，也可以練習應用的能力。但如果長年接受這樣的教育，就很難培養出自己發現規則的能力。

在世界各地普遍評價都不太好的「事前交涉」舉動，就是典型的「既有框架（結論）優先」。如果事先決定了框架，就只能在框架的範圍內思考，因此減少了發揮獨創性的機會。

此外，各位或許也有過這樣的經驗：在日本社會，如果想要開始嘗試新的東西，周圍的人就會給你一大堆理由，告訴你做不到——甚至讓人覺得，如果要比賽列出「做不到的理由」，日本人恐怕是世界第一吧。

然而正是因為把「做不到」當成無可撼動的規則，導致「我們該做的就是如何證明這項規則是『正確』的」，這樣的思維已經深植在我們的腦袋中。

但從今以後，我們必須學會自己找出規則。如果只是證明既有的規則，我們就無法進步。

我們再回到第59頁的跳繩便當招募問題。各位是依循什麼樣的順序來思考呢？如果想要一次滿足「跳繩變得暢銷」、「便當銷路變差」和「沒有招募兼職夥伴的必要了」這所有的條件，把全部的因素都考慮進來，「雖然跳繩受歡迎但便當滯銷，不用招募兼職人員也無所謂……」，不要說找出規則了，腦筋甚至還可能打結。

那麼，接下來就為各位說明找出規則的訣竅。

訣竅 1 思考兩種現象可能同時發生的狀況↓再把「落單」的現象考慮進來

企圖從多種不同的現象中解讀規則時，如果這些現象彼此大同小異，找出規則就很簡單。譬如從「虛擬貨幣、人工智慧、區塊鏈的發展」，可以解讀出「技術的進步」。

但如果是像前述的問題，「跳繩變得暢銷」、「便當銷路變差」、「沒有招募兼職夥伴的必要了」，每個現象乍看之下毫不相干，就不能用一般方式處理。這時候，請先從不相干的現象中，**挑出看似容易找到的共通點**。譬如「便當銷路變差」與「沒有招募兼職夥伴的必要了」。

挑好之後，試著列出所有可以想到的、這兩種現象可能同時發生的狀況。任何想法都可以。唯一需要考慮的只有說不說得通。

解答範例

當某間店同時發生「便當銷路變差」與「沒有招募兼職夥伴的必要了」的現象，可能是因為：

- 想要存錢的人變多（自己煮飯的人和主動應徵兼職工作的人增加）
- 附近開了一間人氣便當店（便當店的客人被別家店搶走，營收下滑，失去雇用兼職員工的必要）
- 在這一區工作的人變少了，家庭主婦增加（買便當的人減少，主動想要兼職的人變多）

接著，從上列狀況中評估，看有沒有哪一項也能說明其餘現象（跳繩變得暢銷）。如果是「想要存錢的人變多」，那麼「因為不想花錢運動，所以開始跳繩」，似乎說得通；如果是「在這一區工作的人變少了，家庭主婦增加」，那麼「如果家庭主婦有正在上小學的孩子，跳繩的需求也會增加」，好像也合理。如此一來，就能編出足以說明所有現象的「答案」。

得到「答案」後，再想想看到底為什麼會發生這樣的狀況，這麼一來就能知道這些現象背後發生了什麼事。

譬如，為什麼想要存錢的人會變多？是因為不景氣？還是對金融機構不信任？諸如此類。第61頁的解答範例（工廠被拆除，改建成適合家庭居住的大廈），回答的正是為什麼「在這一區工作的人變少了，家庭主婦增加」。

如果覺得這個方法有點棘手，那麼試試看下一個方法如何？

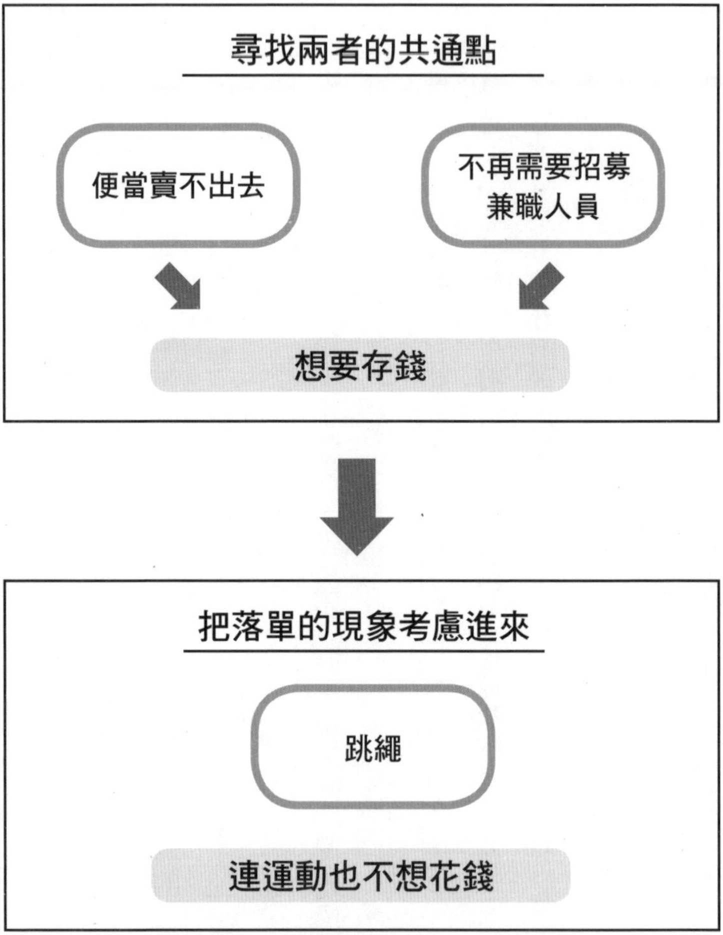

這個狀況的背後發生了什麼事呢？

訣竅 2 關鍵字↓聯想遊戲↓編故事

這個方法是從各個「現象」中挑出關鍵字，再根據這些關鍵字自由聯想，編出故事。

首先挑出關鍵字。譬如「跳繩變得暢銷」、「便當銷路變差」、「沒有招募兼職夥伴的必要了」的關鍵字分別是「跳繩」、「便當（商品）」、「兼職」。

之所以寫成「便當（商品）」，是為了避免和自己在家做的便當搞混。在使用語言時請盡量做到精確，因為思考就是一項運用語言的工作。**模稜兩可的語言只會產生模稜兩可的想法。**

接著，透過這些關鍵字盡可能地去聯想，並將聯想到的事物列在紙本上。

範例

【關鍵字】

跳繩

便當（商品）

兼職

【從關鍵字聯想到的事物】

↓小學生、紀錄、跳繩俱樂部、拳擊

↓午休、上班族、微波爐、輕鬆、錢

↓家庭主婦、家庭收支、白天、住家附近

接著從聯想到的事物中，選出一個喜歡的。憑直覺選擇也沒問題，譬如「跳繩俱樂部」。

附帶一提，大家有沒有聽過「魔法香蕉」這個小朋友玩的遊戲呢？

說到香蕉就想到食物↓說到食物就想到咖哩↓說到咖哩就想到爸爸↓說到爸爸就想到高爾夫↓說到高爾夫就想到早起↓說到早起就想到早

餐↓說到早餐就想到香蕉。

這個遊戲的玩法就像這樣，「說到A就想到B」，一個接一個聯想，最後順利回到「香蕉」就算成功。

這個遊戲的有趣之處在於，因為有「最後必須回到香蕉」的規則，所以在自由聯想的同時，思考方式也受到限制。

我們來試著模仿這個遊戲，從剛才選擇的「聯想到的事物」（跳繩俱樂部）開始，用這個方法將腦中的想法一個個串起來，途中必須將另一個關鍵字包含進來，而結尾必須要停在剩下的那個關鍵字。

範例

說到跳繩俱樂部就想到大賽↓說到大賽就想到遠征↓說到遠征就想到家人的支持↓說到家人的支持就想到便當↓說到便當就

想到便當（商品）↓說到便當（商品）就想到資金↓說到資金就想到兼職

接下來就只要發揮想像力，編出故事即可。

範例

附近的跳繩俱樂部在全國大賽中獲得優勝，讓許多小學生想要加入，於是他們開始買跳繩來練習。這個俱樂部也會遠征國外比賽，於是母親們為了存下出國的錢，開始親手做便當，不買現成的商品（便當賣不出去），或是主動應徵兼職賺錢（沒有招募兼職夥伴的必要了）。

以「歸納法」思考

自己「找出規則」的思考方式，就是邏輯學所運用的「歸納法」。所謂的歸納法，舉例來說，假設我們已知下列資訊：

A 在日本的小學，家長們靠猜拳選出家長會幹部。
B 在日本的公園，孩子們靠猜拳決定玩遊戲的順序。
C 去朋友家作客，主人端出點心招待，日本人在挑選點心時也會靠猜拳決定。

我們從這些資訊得到「日本人喜歡猜拳」的結論，運用的就是歸納法。

此外，還有一個經常和歸納法一起出現的思考方式，稱為「演繹法」。

舉例來說：

A　人總有一天會死

B　狩野先生是人

當我們從這些資訊推導出「狩野先生總有一天會死」的結論，這就是演繹法。

演繹法有著難以挑戰的正確性，即**「如果資訊來源正確，理所當然就能得到這樣的結論」**。在〈序章〉介紹的商店公告問題（第20頁），採用的就是演繹法。

反之，歸納法則不具備「難以挑戰的正確性」，而是從許多資訊推理出說得通的結論。

以前述的猜拳為例，可以從「在各種場合猜拳的日本人」推導出「日本人認為猜拳是（不一定喜歡但）比較沒有爭議的解決方法」這項結論。歸納法的有趣之處在於串起眼前的資訊，**編出自己獨一無二的觀點**。至於「答案理當如此」的演繹法就沒有這樣的趣味了。

前面提過，「把規則套用在個案」是日本人熟悉的思考法。反之，英美採用的思考法則是「自己透過『個案』找出規則」。

這樣說起來，**日本的思考法比較偏向演繹法**。因為「只要『規則』正確，套用到個案自然就會得到這樣的結論」。

相較之下，英美透過個別資訊來建立規則，這樣的做法偏向「歸納法」。我無法斷定哪個方法比較好，但在瞬息萬變的現代社會，我還是希望各位務必要學會「自己建立規則」的歸納法。

就讓我們再多試幾題訓練歸納能力的問題吧！

歸納法的鍛鍊習題

問題 1 **列出人生三大失敗**

列出人生至今為止的「三大失敗」，也請思考失敗的理由，並將理由寫在紙本上。

解答範例

- 明明有想做的企劃，最後還是沒有提出來。

【理由】害怕失敗。

- 考大學的時候，明明有其他想念的學校，卻聽從父母的話決定志願。

【理由】不想和父母起衝突，而且覺得聽父母的話應該不會錯。

- 對朋友說了過分的話，最後絕交了。

【理由】每次感到不滿時都沒有提出來，都在粉飾太平，累積的怨氣最後終於爆發。

問題 2
尋找共通點

觀察①列出的所有理由，並且尋找共通點。共通點可以是一個，也可能有好幾個，應該會讓你產生「這實在很像是我會做的事」、「我怎麼又犯下同樣錯誤」的感覺。

解答範例

逃避正面對決。太在意失敗。不相信自己。

問題 3 從共通點選一個

從②列出的共通點選出一個，任何一個都可以。你在列出這些共通點時，描述方式通常比較負面或覺得這是一個缺點，現在請你將②的描述轉換成「正因如此而具備的優勢」。

解答範例

【缺點】太在意失敗。

【優勢】因為害怕失敗，所以會努力避免失敗。

問題 4

用比喻表現

請將③的答案用比喻表現（事物、動物、現象，任何比喻都可以），同時寫出選擇這個比喻的理由。

解答範例

【優勢】會努力避免失敗。
【比喻】天鵝
【理由】天鵝雖然看起來優雅，但雙腳卻在水面下努力滑動。

從共通點找出「新見解」

這個練習讓我們藉由找出共通點，培養歸納的能力（①和②），再從另一個角度觀察共通點，轉換成新見解（③）；最後利用比喻，訓練自己將概念性的觀點轉換成具體描述的能力。

當你在辦公室之類的場合必須同時解決多個問題，或是需要將危機化為轉機時，這個思考方法能夠訓練你無論面對什麼樣的情況，都能提出獨一無二的觀點。而擁有自己獨特的觀點，也是第82頁要介紹的「有效表達的能力」的基礎。

要做到③「把缺點轉換成優勢」或許很難，訣竅是強行做出「自己絕對沒錯」的結論，並且為了得到這個結論找出理由。舉例來說，如果「太在意失敗」，那麼就找出能夠證明「太在意失敗絕對沒錯」的根據。

④的比喻則是從《讓思考變得可見》中借用了 3-2-1 Bridge 的部分方法。將資訊以某種比喻表現出來，等於把這個資訊重新理解成與自己相關的事情。就算是同一個資訊，不同的人所用的比喻也會大相逕庭。譬如「努力避免失敗」可以比喻成天鵝，也可以比喻成「鉛筆」（鉛筆的筆芯雖然堅韌，但也可能在努力的途中折斷）。

現在讓我們來看下個問題，這是培養「自己找出規則的能力」的進階問題。

「自己發現規則、有效表達」的練習

請寫出一篇400字以內的文章，
並以「於是，今天也吃了
嘎哩嘎哩君」結尾。

練習

「嘎哩嘎哩君」是日本家喻戶曉的冰棒品牌。

請盡情發揮想像力，
自由構思一篇以「於是，今天也吃了嘎哩嘎哩君」結尾的故事。

＊注意：在故事中至少引用一句別人說過的話。

提示

想一想，你需要哪些要素，
才能將故事引導至「於是，今天也吃了嘎哩嘎哩君」。

抵達終點所需的要素

這個練習的關鍵在於，今天「也」吃了嘎哩嘎哩君。換句話說，你可以思考上週、昨天、今天都吃了嘎哩嘎哩君的人有什麼樣的「規則」。這裡所說的「規則」，指的是「如此喜歡嘎哩嘎哩君的理由」，或是「忍不住每天都吃嘎哩嘎哩君的特殊狀況」等。設想出規則之後，就開始編寫一篇「這樣發展應該會很有趣」的故事。

這個練習和之前的練習一樣，請懷著自信，選出自己覺得不錯的「規則」。就像有些人搭計程車前往目的地，有些人則搭巴士，或自己走路過去。你不需要顧慮任何人，只要能夠抵達目的地、完成目標即可。

解答範例

（參考小學四年級學生的作品）

我不太喜歡吃冰，因為一吃冰就會頭痛。但是我最近迷上了嘎哩嘎哩君，因為我聽到有人說「吃嘎哩嘎哩君會變聰明」。我第一次聽到時雖然覺得「反正這個傳說是騙人的吧」，但還是很好奇，所以就去吃吃看，結果考試的分數竟然一下子進步很多。我心想，「再多吃一點嘎哩嘎哩君，說不定會變得更聰明」，於是又去買了嘎哩嘎哩君來吃。結果我竟然每一科都考了滿分，而且以前從來沒有稱讚過我的校長還對我說：「你真是個聰明的孩子啊！」我甚至在作文比賽中得到第一名，在朝會時被表揚了。雖然買嘎哩嘎哩君會讓我的零用錢減少，但是媽媽跟我說：「如果吃這個能夠讓你變聰明，就買給你吃吧。」這下我也不用擔心零用錢的問題了。不過我吃冰還是會頭痛，就算這樣，我依然沒辦法戒掉。於是，我今天也吃了嘎哩嘎哩君。

利用說故事鍛鍊「有效表達的能力」

想必有人會感到疑惑：「為什麼非得把自己找到的規則編成故事不可呢？」

想一想，當你發現了某種規則之後，通常會想要跟別人說明吧？既然說明了，就希望對方能夠聽得懂，這時你就會需要「有效表達的能力」，尤其是許多日本人不擅長的「說故事的能力」。我想，今後這項能力將會變得更加重要。

無論是略為艱澀的道理，還是有點瘋狂的規則，只要加入一點點的故事當緩衝，就能更容易、更輕鬆地讓對方聽懂你的說明。在全球化時代，為了與不同國籍、不同文化的人溝通，我們必須摸索出對方最容易接受的表達方式。

雖然我可以想像有人會說：「欸，說故事什麼的就算了吧，我又不是要模仿TED演講……」但就算是無聊的簡報，只要結合了故事，就能改變聽者的印象。譬如你可以這樣開場：「我在開始這項計畫前訪問了十位相關人士，當時的感動令我難忘，這十人懷抱著各自的熱情……」開頭先敘述這不到十秒的故事，再進入正題說明「資料第〇〇頁的作業計畫，就是我整合他們的想法所得到的結果」，這麼做**就能創造出你獨有的表達方式和價值**。

「表達力」的基礎是「複述別人的話」

剛才在「嘎哩嘎哩君」的練習中，有一個條件是引用別人說過的話。複述別人的話，是說故事的其中一項技巧。

日本人在說故事時，往往會省略所有的具體描述，把故事整理得非常簡潔。舉例來說，剛才嘎哩嘎哩君的故事，如果以日本人習慣的方式敘述，就會變成這樣：

「吃了嘎哩嘎哩君會變聰明的傳聞不是騙人的。」

在日本人的觀念裡，比起描述誰說了什麼、事情在哪裡發生之類的具體詳情，長話短說才是「成熟」的表現。此外，陳述對某件事情的感受屬於「私事」，因此有些人很忌諱這一點。

但是，如同我們在「吃了嘎哩嘎哩君會變聰明的傳聞不是騙人的」例子中所見，長話短說會讓你的敘述變得非常無聊。「說故事」之所以在全球的講台上受到歡迎，就是因為人們會受到故事吸引。

我們必須將事情描述得具體，才能吸引聽講的人，而臨場感就是說故事的關鍵。但是根據我多年來指導演講的經驗，我發現一直被教導要長話短說的日本人都不擅長具體描述。不管再怎麼要求「說得具體一點」，還是有很多人擺脫不了「長話短說」的框架。

因此，說故事的時候，請嚴格遵守下列規則：

- **盡量引用別人說過的話。**
- **盡可能在敘述中加入人物、事情、時間、地點和方法。**
- **加入自己的感受。**

只要做到這三點，就算你滿心不願意，說出來的話也會變得具體。至於「簡報」這類必須迅速完成報告的嚴肅場合，就不必引用別人的話，可以盡量加入其他要素。

說故事是對「自己」的挑戰。請你鉅細靡遺地描述從自己的耳朵聽到的話、自己感受到的情緒、從自己的視角看到的景象，大大方方地展現自己。

歸納法的極限

歸納法雖然是尋找規則的有效方法，但是對接受日本教育的人來說卻很陌生。話雖如此，我們依然可以在各種場合中使用歸納法。譬如在進行市場調查時（因為有A、B的傾向，所以可得到X的結論）、寫論文時（因為有證據C、D、E，所以可得到結論Y），或是在評論別人時（總是做F那種事情的人，絕對是Z），諸如此類。

各位或許會這麼想：「什麼嘛？這樣看來，日本人應該也很擅長啊！」但偶爾使用不一定代表「擅長」。前面提到的猜拳例子，是某位住在日本的美國友人聊天時說的。英美人士平常就有使用歸納法思考的習慣。反之，很多日本人不習慣用歸納法理解事情，就算突然想要使用，也只說得出了無新意的見解。

其實歸納法本身也有風險，因為它終究是「根據眼前的資訊，找出某種共通點或規則」的思考法。**如果眼前的資訊錯誤，依此歸納出的共通點或規則就無法成立。**我們必須了解到很重要的一點，那就是不要以為眼前的資訊「絕對正確」。

歸納法有個知名的「黑天鵝」陷阱。歐洲人自古以來看到的都是白天鵝，在過去的歐洲，說到天鵝就一定是白色的。如果穿越到一六九六年的歐洲，以歸納法記下這件事情，就有可能變成這樣：

A **昨天看到的天鵝是白色的。**

B **十六世紀的天鵝全部都是白色的（書本上是這樣寫）。**

C **問了許多人，都沒有人看過白色以外的天鵝。**

結論：天鵝是白色的。

然而（據說）就在一六九七年，人們在澳洲發現了黑天鵝。這項發現瞬間顛覆了西方世界長久以來認為「天鵝是白色的」這個常識，用歸納法歸納出的這個「正確答案」原來是錯的。

我在〈序章〉寫到，「人的想像力也有極限，能夠想到這點是一件很重要的事情」。黑天鵝的故事也是同樣的道理。我們不能把眼前接收到的資訊當成一切。就算自己手上握有的資訊只有白色，我們也沒辦法說除了白色以外什麼也沒有。除非你能證明「除了白色其他都不存在」，否則就無法說「白色是唯一」。

此外，使用歸納法時，「每個人都能有自己的解釋，沒有正確答案」，所以這個思考方法也有弱點。前面提到了故事的魔力，但在演講時說的故事卻不該有「從這個故事可以導出某某結論」這種生硬的伏筆。演講者的立場是讓聽眾專注傾聽、細細品味，至於如何解釋演講的內容，則是個人的自由。正因如此，即使演講者希望聽眾得出A的結論，聽眾也有可能得出B、C甚至是Z的結論。

第 3 章

提出
一針見血的問題

Basis for Complex Problem Solving

提出
一針見血的問題

初次造訪異國，
你卻染上了原因不明的疾病，
不得不找當地醫師看診。

問題

你希望藉由提問來分辨這位醫師是否值得信賴，但是你只能問一個問題。你會問什麼呢？

＊注意：這個問題沒有「正確答案」。

提示

仔細想想，你希望透過這個問題得到什麼？

如何提出「有效」的問題

你想到該提出什麼問題了嗎？還是想著想著，漸漸不知道該問什麼才好了呢？這次提問的目的，只要完成「判斷醫師是否值得信任」的任務即可。如何解釋這項任務——「值得信賴」的具體意義——將成為重點（詳情容後再述）。

解答範例

萬一這家醫院無法治療我的疾病，他們會怎麼處理呢？
我可以錄下與醫生的對話嗎？

釐清「為何而問」，是問問題的關鍵。日本人普遍不太擅長「發問」。如何分辨問題的目的？如何提出有效的問題？該怎麼做才能對自己的提問充滿自信？本章的重點就是訓練這些「提問的能力」。

美國人也不擅長發問

大家平常在會議中、在診療室或是和朋友的聊天時，會提出多少問題呢？

我猜選擇不問問題的人應該不少，理由五花八門，例如「當下不是可以發問的氣氛」，或「不想被當成笨蛋」等，都是常見的理由。如果是刻意不發問就算了，要是在必須發問時不知道該怎麼問，那可就困擾了。無法提出有效的問題，問不出想問的問題，也是一件令人頭痛的事情。

我彷彿可以聽到有人說：「日本社會不太歡迎發問，接受那種從上至下的教育也會變得不懂得問問題。」

的確，社會和教育對我們的影響很大。然而在極度鼓勵發問的美國社會，也有很多人不知道該問什麼才好。為了讓這些人學會問問題而開發出來的Question Formulation Technique（提問技巧），在美國教育第一線也獲得極高的評價。

「懂得發問」是思考的證明

請各位記住，這個世界上不存在「絕對正確的問題」。作家丹・羅斯坦（Dan Rothstein）與盧斯・桑塔納（Luz Santana）在他們練習「提問技巧」的著作《只要一個改變：教學生問自己的問題》（*Make Just One Change: Teach Students to Ask Their Own Questions*）也強調了這一點。問題的好壞，端視是由誰、在什麼情況下、為了什麼目的提出這個問題而定。好的、有效的問題，指的是根據狀況與目的，提出自己該問並且讓自己滿意的問題。

附帶一提，羅斯坦等人也表示，美國之所以希望更多人「懂得發問」，是為了創造出更優質的民主社會。如果能夠提出有效的問題，就能夠收集有效的資訊；如果能提出令自己滿意的問題，代表能夠確實地用自己的腦袋思考。如果能有愈來愈多人像這樣「掌握確實資訊，做出縝密思考」，民主主義就能獲得更好的發展。看來問問題不僅是國家戰略，而是全球戰略。

反觀日本，不要說思考有效的問題了，可能更常到最後都問不出任何一個問題。能夠提出有效的問題，代表有能力仔細思考。因此訓練思考力時，一定也需要訓練發問能力。

對某件事情產生興趣，擁有自己獨特的觀點，全部都是從發問開始。舉例來說，你突然聽到一首不錯的歌曲，腦中浮現「這是誰的歌、歌名是什麼」之類的問題，就是開始產生興趣的證明。又譬如，聽到意外事故的新聞導致心情低落，但心情低落無法產生任何「觀點」，只有問自己

「為什麼會心情低落」、「該如何阻止這樣的事故再發生」，才能逐步建立觀點。

靠**「自己」**思考問題有很大的意義。「經營之父」彼得．杜拉克在《彼得．杜拉克的管理聖經》（Peter F. Drucker, *The Practice of Management*）說過，經營不善的最主要因素**「不是得不到正確的答案，而是問不出正確的問題」**。

如果想要拓展未來，就不能只是默默解決別人提出的問題。別人提出的問題依循的是別人的立場與目的，而我們會覺得放棄也無所謂，「解決不了就算了」。但自己提出的問題不一樣，我們在解決問題時會拿出「這個問題對我來說很重要，所以絕對要找出答案」的決心。

接下來，我們就一邊解說第94頁的「對醫師發問」的練習，一邊說明

「提出有效的問題」的步驟。我以哈佛發行的「提問技巧」練習手冊為基礎，配合日本人的習慣進行調整。

這個步驟雖然適合在發問之前至少有十五分鐘的準備時間，不過只要反覆練習就能培養出提問的能力，想必總有一天能夠應用在突然被要求提問的情況。

提出有效問題的八個步驟

我們可以透過以下八個步驟，練習提出有效的問題。請把在各步驟想到的內容全部寫出來，可以寫在紙上，也可以輸入手機裡。

步驟1　理解狀況
步驟2　寫出所有可以想到的相關問題

步驟3　將2寫出的問題分成兩類：「封閉式」與「開放式」
步驟4　將「封閉式」問題轉換成「開放式」，將「開放式」轉換成「封閉式」
步驟5　想想提出這些問題之後，分別可以得知哪些事情
步驟6　想想提出這些問題之後，最壞的情況是什麼
步驟7　思考問這些問題的目的
步驟8　根據7的目的，選出適合的問題

步驟1　理解狀況，釐清到底該問什麼問題

在前述「對醫師發問」的練習中，必須發問的狀況非常清楚，那就是「在不熟悉的地方染上不明原因的疾病，想要分辨醫師是否能夠信任」。但大家平常需要問問題的時候，狀況通常更曖昧，譬如在聽完說明之後，

對方問你「有沒有什麼問題」，或是必須在會議中問點什麼。

這個「什麼」可不好對付。雖然說是「什麼」，卻不是什麼都可以。我在前面寫到，**問題的關鍵，在於是誰、在什麼樣的情況下、為了什麼目的而提出**。因此，首先，我們必須掌握狀況。

舉例來說，假設你聽說**「公司接下來打算規定開會時都要用英語，好像是為了應付全球化」**。下週就要召開部門會議了，你心想，既然要問，就想問出有效的問題。

目前已知的只有「時間」（接下來）、「人物」（公司）、「事件」（開會時都要用英語）、「原因」（應付全球化）。釐清狀況時，要先確認**5W1H（人物、事件、時間、地點、方法、原因）**，搞清楚自己明確掌握了哪些資訊。在這次的例子裡，關於「時間」的資訊只有「接下來」。如果5W1H的內容不明確或不清楚，你就需要先調查出具體資訊，譬如

「從明年度開始」（時間）或「先從召開董事會開始使用英語」（方法）等。

進入下一個步驟前，我們先來熱個身。請試著回答下列的問題，這是為了讓你實際體驗一下如何提出大量的問題。

問題 **你有一個迴紋針，請在紙上寫下二十個關於迴紋針的問題**

請你拋開所有顧慮，不要去想「這個問題太無聊了」或「這麼白癡的問題還是算了吧」，只要是「問題」的形式，任何內容都無所謂，在每個句子最後都加上問號即可。

解答範例

- 這個迴紋針是誰的？

- 這個迴紋針是哪裡做的？
- 這個迴紋針如果全部拉開來是幾公分？
- 迴紋針到底是誰發明的？
- 每個人在一生當中會使用多少個迴紋針？
- 什麼工作最常使用迴紋針？

寫出二十個問題之後，我們再回到「提出有效的問題」步驟2。

步驟2 寫出關於「狀況」的問題，而且要盡量寫

釐清狀況後，就把所有想得到的、關於這個狀況的問題寫下來。請把「總覺得這個地方有點在意」、「好想知道關於這個部分的細節」等模糊的想法寫成問句。你需要注意下列六點：

1 任何關於這個狀況的問題都可以

2 不要評價自己寫出來的問題

不管是無聊的問題、看似聰明的問題、關於細節的問題、模糊的問題、好像會惹人生氣的問題、純粹只是想問問看的問題……任何問題都可以。

3 不要嘗試回答問題

也不能上網搜尋答案或線索。

4 腦中想到什麼就寫什麼

這麼做能夠阻止你刻意寫出「讓自己看起來很聰明」的問題。

5 不能寫出知道答案的問題

6 一定要寫成疑問句

只要在最後加上問號，看起來再勉強的句子也會變成疑問句。

想不到問題的時候，除了5W1H之外，也可以想想「效果」、「定義」、「已經採取的對策」、「對誰有好處（壞處）」、「如果真的執行會發生什麼事」、「類似的狀況」等。

範例

「公司將從下個年度開始將英語列入公司內部公用語，做為全球化對策的一環。」請針對這個狀況列出各種問題。

- 「公用語」的定義是什麼？
- 「公司內部」的定義是什麼？
- 無法溝通該怎麼辦？
- 如果說日語會被懲罰嗎？
- 雖然說是「做為全球化對策的一環」，但這真的是目的嗎？
- 因為不會說英語導致憂鬱請假，能夠拿到傷害津貼嗎？

寫下問題，並且在問題之間留下幾行空白，後續的步驟進行起來會更方便。

步驟 3 將步驟 2 寫下的問題分成「封閉式」與「開放式」

問題大致可以分成兩類，一類是**封閉式**，就是可以用 YES 或 NO 回答的問題，或是答案可以用一個字或一句話就結束了。另一類則是**開放式**，譬如「為什麼」或「怎麼做」等，答案可以無限發展下去。

我這樣形容或許會讓人以為開放式問題更厲害，其實不是這樣的。哪一種問題效果更好，必須視時間與場合而定。

譬如你問剛開完重要會議的後輩：「會開得如何？」這是個開放式的問題，後輩可能會給出又臭又長的答案，中間還夾雜了「這個嘛，某某人還遲到了呢」之類的閒聊。不過他也可能只會提供執行業務所需資訊，例如「下個星期會與對方的部長見面」之類。

開放式問題賦予回答的一方某種程度的自由，可說是高風險、高報酬的提問。

反之，如果你問同一位後輩：「會議中決定接下來的步驟了嗎？」雖然這個封閉式問題能讓你確實得知步驟是否決定了，但你可能無法得到額外的情報。

由此可知，希望聽到精確的答案（或是不希望對方逃避話題），就問封閉式問題；想要獲得多方面的資訊（或是希望對方多說一點），就問開放式問題。請記得這個判斷的基準。

接著，標出步驟2寫出的問題分別屬於「封閉式」還是「開放式」。這項準備動作是為了進一步釐清自己真正想要知道的內容。

「封閉式」標為C，「開放式」標為O，可以是封閉也可以是開放的問題則標為C／O。哪種屬於C，哪種屬於O，沒有絕對正確的答案，因為每個問題的情境也會影響答案能否用一句話作結。

範例

對於「公司將從下個年度開始將英語列入公司內部公用語，做為全球化對策的一環」所提出的問題，請分類成「封閉式」（C）和「開放式」（O）。

- 「公用語」的定義是什麼？（C）
- 「公司內部」的定義是什麼？（C）
- 無法溝通該怎麼辦？（O）
- 如果說日語會被懲罰嗎？（O）
- 雖然說是「做為全球化對策的一環」，但這真的是目的嗎？（C／O）
- 因為不會說英語導致憂鬱請假，能夠拿到傷害津貼嗎？（C）

容我在此說明一下。

「如果說日語會被懲罰嗎？」這是YES、NO的問題，或許會讓人以為答案是封閉的，但其實也能夠延伸出「在什麼情況下使用日語會被懲罰」、「罰則到底該怎麼定才有可能執行」、「如何認定」等問題，所以屬於開放式問題。

標出C與O時，像這樣具體想像**「實際發問時會得到什麼樣的回答」**，更容易分類。

至於「雖然說是『做為全球化對策的一環』，但這真的是目的嗎」為什麼屬於C／O呢？因為這個問題的答案，可能是乾脆的「是」，也可能複雜到「必須從『全球化』的定義說起」。

在分辨問題屬於封閉式或開放式時，你可能會想要調整問題的用字遣詞。舉例來說，當你想像「『公用語』的定義是什麼」這個問題實際問出來時會得到的答案，結果發現可能會得到「公用語指的是為了在公司的官方場合使用而制定的語言」這種像辭典定義的答案。

但你想知道的不是辭典上的定義，而是「就連『可以幫我影印這份資料嗎』這樣的日常小事都得使用英語嗎」，那你就將問題改成「就連日常小事的溝通也必須使用英語嗎」，這樣就能更確實獲得自己想知道的資訊。

步驟 4 將「封閉式」問題轉換成「開放式」，將「開放式」轉換成「封閉式」

從封閉式問題轉換成開放式的例子，譬如：

「公司內部」的定義是什麼？（C）↓有公司外部人士參與的計畫或會議該怎麼辦？（O）

這些問題沒有絕對的解答。將C轉換成O時，可以想想看「假設這個問題的答案是這樣，那麼……」。

反之，將開放式問題轉換成封閉式的狀況，舉例來說：

如果說日語會被懲罰嗎？（O）↓具體來說，在什麼樣的情況下使用日語會被處罰？罰則會是什麼？（C）

在問題轉換的過程中，可以像這樣轉換成不只一個問題。問自己「具體來說想聽到什麼答案」，比較容易把開放式問題變成封閉式。

至於在步驟3中被歸類為C／O的問題，可以轉換成更有機會得到精確答案的形式。譬如：

雖然說是「做為全球化對策的一環」，但這真的是目的嗎？（C／O）↓「全球化」的具體定義是什麼？（C）

實際練習過就會知道，當你在煩惱問題是屬於封閉式還是開放式的過程中，你會更清楚自己真正想知道的是什麼，以及問了這個問題能獲得什麼資訊。

接著讓我們進入下一個步驟。

步驟5 想想提出這些問題之後，分別可以得知哪些事情

請試著把步驟4隱約掌握到的「問了這個問題能獲得哪些資訊」用文字表達，就算很粗略也沒關係。譬如：

就連日常小事的溝通也必須使用英語嗎？↓【獲得的資訊】日常工作內容必須做出什麼樣的調整

同一個問題的封閉式與開放式版本，或許會分別獲得不同的資訊，但

也有可能大同小異，譬如：

「公司內部」的定義是什麼？（C）／有公司外部人士參與的計畫或會議該怎麼辦？（O）→【獲得的資訊】「公司內部」的具體意定義

至於C和O兩種版本分別獲得不同資訊，例子如下：

- **無法溝通該怎麼辦？（O）→【獲得的資訊】具體來說會發生什麼事**
- **如何確認溝通是否順利？（C）→【獲得的資訊】把英語定為公用語會遇到的問題，以及把英語定為公用語到底有沒有可能實現**

由此可知，「獲得的資訊」也有可能不只一項。

步驟 6 想想提出這些問題之後，最壞的情況是什麼

接著思考提出各個問題後，可能發生的最壞狀況。

不管問題的效果多好，要是觸怒了他人，或是造成無法挽回的失誤，都會給所有人帶來麻煩。所以在我們提出問題之前，必須針對各個問題的各個版本，仔細思考「如果問了這個問題，最壞的情況是什麼」。

譬如，如果你問了「因為不會說英語導致憂鬱請假，能夠拿到傷害津貼嗎」這個問題，最壞的情況很有可能變成「公司內部到處流傳的騷擾問題，可能會惹怒管理階級，導致工作變得很痛苦」。

把最壞的情況寫出來，再評估自己有沒有能力處理最壞的情況。如果覺得難以處理，就把會造成這種情況的問題畫線刪除。

能夠確實問出「自己的」問題，代表有能力對這些問題負起責任。你應該要有「這是我真正想問的問題，不論問了這個問題會導致什麼樣的狀

況，我都能夠處理」這樣的自信。若是缺乏這樣的自信，就不應該問這個問題。

步驟 7 思考問這些問題的目的

容我再次強調，**問題的關鍵，在於是誰、在什麼樣的情況下、為了什麼目的所提出**。到目前為止，我們已經釐清狀況，考慮過自己能夠為什麼樣的問題負責，餘下的就是思考「問這個問題的目的」了。

各位平常會意識到問問題的「目的」嗎？或者有沒有因為發問，導致話題完全被帶偏的經驗呢？

為了避免這樣的狀況，請養成留意問題「目的」的習慣。如果能保有「我問這個問題是為了〇〇目的」的自覺，就算話題變得棘手，也能安慰自己「這是為了達成目的」，更重要的是能夠對自己的問題抱持自信。

我們再回過頭來思考「把英語列為公司內部公用語」的例子。如果你是員工，你問這個問題的「目的」是什麼呢？如果「目的」這兩個字會讓你緊張，請你試著問自己：**「如果問這個問題能夠讓我實現一個願望，我想要什麼呢？」**你希望從透過問題獲得穩定的公司生活？得到上司的喜愛？還是讓更多人知道這個提議有多荒謬呢？

有些人會說「我沒有任何想要的東西」，那麼請你想想，「你希望自己所處的環境在今後有什麼改變」、「你希望別人怎麼看自己」、「站在自己的立場，有什麼是絕對必須去做的事情」等。這些問題的答案，就是釐清「目的」的重要線索。

舉例來說，如果「唯一想要實現的願望」是「穩定的公司生活」，那麼提問的目的就是「希望公司謹慎做出決定」，或是「如果英語變成公用語，判斷自己還能不能繼續待下去」等。

或者，「想要實現的願望」也可能是「不想被當成笨蛋」。即使想要實現的是這類不好意思大聲說出來的願望，也不要否定自己，覺得自己怎麼這樣小家子氣。不想被當成笨蛋，不也是一個充分的理由嗎？不想被看扁，是避免貶低自我價值的重要處世之道。請大方承認對自己而言重要的價值，如此想必也能對自己的問題抱持自信。

此外，描述「問題的目的」時，必須同時注意另外三件事。第一，**請鎖定一個目的就好**。第二，**不要用否定句表達「目的」**。舉例來說，「不希望在開會時被當成笨蛋」，這種表達方式是行不通的。說得極端一點，如果把「不想被當成笨蛋」當成目的，說不定到最後會變成「被當成怪人就可以」（畢竟怪人與笨蛋不同）。因為否定的表達方式可以被解讀成「除此之外什麼都不反對」，那麼你的目的就會變得模糊。所以請將「不想被當成笨蛋」之類的否定表現，轉換成「希望別人覺得自己聰明」之類的肯定表現。

第三，在用字遣詞上**定下明確的定義**。

讓我們回到本章開頭的問題：「你在異國染上了不明原因的疾病，不得不找當地醫師看診，而你只能問一個問題，來判斷這位醫師是否值得信賴。」

這個問題的目的是「判斷醫師是否值得信賴」，但「值得信賴的醫師」可以有很多種解釋，因此你需要明確定義。你希望對方是「醫術高超的醫師」？還是「誠實的醫師」？或者是「體貼的醫師」（日後會將看診資料寄回給你）？如果沒有明確的定義，目的也會跟著模糊，怎麼樣也問不出有效的問題。

附帶一提，第96頁的解答範例就是將「值得信賴的醫師」定義為「體貼的醫師」所提出的問題。至於「我可以錄下與醫生的對話嗎」則是將「值得信賴」定義為「誠實」所提出的問題，因為發問的人認為願意錄音就是誠實的醫師，拒絕錄音則可以判斷為不誠實。

步驟 8 選出符合「目的」的問題（加上思考根據）

在之前製作的問題清單空白處，寫下步驟7釐清的「問題的目的」。假設問題的目的是「判斷『將英語當成公用語』這項提案實現的可能性」，寫出來的內容大概就像下面的例子：

範例

關於「公司將從下個年度開始將英語列入公司內部公用語，做為全球化對策的一環」的問題清單（最終版）

【目的】判斷「將英語當成公用語」這項提案實現的可能性

＊思考最壞的情況之後，判斷為「難以處理」的問題就畫線刪除。

•「公用語」的定義是什麼？（C）

【調整】就連日常小事的溝通也必須使用英語嗎？（C）

【獲得的資訊】日常工作內容必須做出什麼樣的調整

↓雖然了解使用英語的需求，但有必要設成公用語嗎？（O）

【獲得的資訊】將英語設為公用語化的必要性

•「公司內部」的定義是什麼（C）

↓有公司外部人士參與的計畫或會議該怎麼辦？（O）

公司內部的人外出開會時就不適用這條規定嗎？（O）

【獲得的資訊】「公司內部」的具體意義

•無法溝通該怎麼辦？（O）

【獲得的資訊】具體來說會發生什麼事

↓如何確認溝通是否順利？（C）

【獲得的資訊】把英語定為公用語會遇到的問題，
以及把英語定為公用語到底有沒有可能實現

•如果說日語會被懲罰嗎？（O）

↓具體來說，在什麼樣的情況下使用日語會被懲罰？（C）
罰則會是什麼？（C）

【獲得的資訊】這條規定有多少約束力，以及是否有可能實現

•雖然說是「做為全球化對策的一環」，但這真的是目的嗎？
（C／O）

【獲得的資訊】公司真正的目的

↓「全球化」的具體定義是什麼？

【獲得的資訊】全球化的意義

•因為不會說英語導致憂鬱請假，能夠拿到傷害津貼嗎？（C）

【獲得的資訊】公司對於員工的體貼和保護程度

↓當英語變成公用語後，如果身體出現不適，該如何證明原因
出在英語？（O）

【獲得的資訊】萬一真的發生這樣的狀況該如何證明

接著，從清單中選出三個可以幫助你達成「目的」的問題，並且將「獲得的資訊」也考量進去。雖然在某些情況下，選擇的問題數量可以是一個，也可以是四個以上，但如果只鎖定一個，和別人的問題重複就很麻煩，四個以上範圍又太廣，或許會模糊了焦點，忘記了「真正想問的是什麼」。

現在，我們的目的是「判斷『將英語當成公用語』這項提案實現的可能性」，然後選出了「就連日常小事的溝通也必須使用英語嗎」、「公司內部的人外出開會時就不適用這條規定嗎」、「如何確認溝通是否順利」這三個問題。

選好之後，我們的最後一步，就是思考選擇這幾個問題的「根據」。

譬如第一個問題：就連日常小事的溝通也必須使用英語嗎？選擇的根據是：所有溝通都使用英語恐怕不符合現實，透過這個問題可以判斷實現的可能性。

又譬如第三個問題：如何確認溝通是否順利？選擇的根據是：不管公司再怎麼強迫員工使用英語，無法溝通就沒有意義。透過這個問題可以判斷這項提案是否真的切合實際。

有時我們也可以**利用消去法來鎖定問題**。舉例來說，你其實想問：「具體來說，在什麼樣的情況下使用日語會被懲罰？罰則會是什麼？」但你又不太敢問，這時可以思考自己害怕的原因，或許就會想到「我這樣問好像在昭告天下自己不會英文，似乎會讓自己陷於不利」之類的根據。

無論選擇哪個問題，都是一種「意見」。意見的說服力取決於根據，所以請仔細思考**「我為什麼會選擇（或是不選）這個問題」**。

最後，我還要提出一個有點不一樣的問題。請各位再加把勁，努力一下吧！

點破對方問題的終極提問

A帶來的點心
不夠分給所有人吃，
雖然我自己不吃也無所謂，
A卻莫名其妙地說他要吃兩個。
A為什麼要這樣說呢？
他明明知道點心的數量不夠啊！
最後B說他吃不了這麼多，
於是切了半個給我，
氣氛卻瞬間變差了。
說實在的，
A乾脆不要帶點心來不就好了。
我該怎麼做才對呢？

問題

某個人來找你說了右頁的這段話。
請你對他提出一個可以幫助他豁然開朗的問題。

*注意：這個問題沒有「正確答案」。

提示

對這個人來說，怎麼樣才算是「豁然開朗」呢？

解決「不知道問題出在哪裡」的問題

這次「提問的目的」是「幫助對方豁然開朗」。你可以使用在本章學到的「提出有效問題的方法」，也可以透過思考「怎麼做才能讓人覺得豁然開朗」來解決問題。

如果這個人能夠具體知道自己當時該怎麼做，應該就會豁然開朗吧？不知道該怎麼做的時候，多半是因為不清楚自己希望事情最後「如何發展」或「如何收尾」，所以你可以問對方：「你覺得這件事情最後該如何發展，對你來說才是最理想的？」如果對方能夠確定自己「想要得到的結局」，那麼只要從結局反推該怎麼做即可。

此外，如果事實與意見混在一起，導致分不清楚什麼是客觀的資訊，什麼是主觀的感覺，也會使腦袋亂成一團。這時候你可以問對方：「你可以把剛才說的那段話分成事實和意見嗎？」

又或者，追究事情的本質也是一個好方法。

當對方問「我該怎麼做才對」時，你可以問他：「不管氣氛如何，你當下所做的事情有多少意義呢？」接著再問：「話說回來，你真的必須做點什麼嗎？」

此外，語言的使用不夠精確，也有可能造成思緒的混亂。這時你可以問他：「所謂氣氛變差，具體來說是變成什麼狀態呢？」對方說不定在回答這個問題時會發現：「嗯，氣氛變差搞不好只是我的錯覺？」

解答範例

- 你覺得這件事情最後該如何發展，對你來說才是最理想的？
- 你可以把剛才說的那段話分成事實和意見嗎？
- 話說回來，你真的必須做點什麼嗎？
- 所謂氣氛變差，具體來說是變成什麼狀態呢？

第 4 章

擁有不輸給常識的「根據力」

Critical Thinking

培養根據力的問題

1

不懂外語的人，
也無法真正了解自己的母語。

問題

右頁是德國文豪歌德的名言，請你思考這句話的根據。

它不一定是歌德認為的「真正的理由」。

請思考就一般而言，說出右頁這句話需要有什麼根據即可。

＊注意：這個問題沒有「正確答案」。

提示

請試著想像一下，為什麼歌德會這麼想？

偉人格言可以照單全收嗎？

「真不愧是歌德，說得真好。」或許有人會因為過於認同這句話而想不出任何根據。

但這裡其實有個陷阱。

我們平常可能沒有意識到，自己會因為「這是了不起的人所說的話」而毫不懷疑地接受，也可能因為「這是那樣的傢伙所說的話」而反射性地批評。但意見的價值應該取決於「內容」，而非提出這個意見的「人」。如果意見的好壞取決於提出這個意見的「人」，那麼我們需要的不是思考力，而是成為「了不起的人」。

比起說話的「人」，對意見內容更有影響力的應該是說這句話的「根據」。如同我們在〈序章〉和〈第1章〉提到的，必須有適當的根據，意見才能為人所信服。

不過，這個世界上存在著不少「無法構成根據的根據」。

譬如在剛才的問題中，把「如果不懂外語，就不會知道母語的特殊性」當成根據，就屬於這種狀況。

各位知道這個「根據」哪裡不對勁嗎？它只是把「不懂外語的人，也無法真正了解自己的母語」換句話說而已，算不上是根據。

「根據」是回答「為什麼會這麼想」，而不是說明「這句話是什麼意思」。被人們長久流傳的格言通常每個字都很有分量，有些人會忍不住想要說明其意義，但我們必須了解，說明意義與提出根據是截然不同的兩回事。「無法構成根據的根據」聽起來通常蠻像一回事。這麼說雖然不太好聽，但這些成不了根據的說明不僅說服不了人，也無法產生影響力。

我想各位對於自己所提出的重要意見通常已有確切的根據了，所以本章刻意訓練大家，對平常可能不會說的意見提出根據。採取不同於平常的思考方式，必定能夠鍛鍊出強大的「根據力」，這麼一來，不管什麼時候被要求提出根據，都不至於支支吾吾搪塞過去。

如何取得「根據」

日本人很少把「根據」掛在嘴邊。如果對別人說明「我會這麼說是因為……」，別人可能會抱怨你很煩，或者覺得你在找藉口。詢問上司或長輩「您為什麼會這麼想」，經常也會被認為很失禮。

反之，在英美語系的國家，詢問別人意見和根據是家常便飯，在闡述想法時提出根據也是理所當然。因為太過自然，說話時乾脆省略「because」（因為）之類的開頭，也很常見。

讓我們回到剛才歌德的問題。前面提過，「根據」就是回答「為什麼會這麼想」。既然如此，我們可以用某個方法來思考這句格言的根據，**那**

就是想像自己問歌德「你為什麼會這麼想」，而他又會怎麼回答。

如果覺得歌德太了不起，或是距離自己太遙遠了無法想像，那就試著思考「如果說這句話的不是歌德，而是身邊的人，他的根據是什麼呢？」對於偉人說的話，我們常會停止思考，照單全收。那麼，只要想像說這句話的人「沒什麼了不起」就可以了。

這位「沒什麼了不起」的對象可以是同事或鄰居，簡單來說，就是你對這個人沒什麼特別的想法。如果想到的是好友或尊敬的前輩，可能又會停止思考，覺得「真不愧是某某」！反之，如果想到了自己的剋星，或許又會覺得「他還真敢說」而想不出根據。

如果非常努力而獲得成功的人說「平常的努力很重要」，會讓人覺得「從他嘴巴說出來特別有說服力」；反之，如果經常遲到的前輩說「不要遲到喔」，就會讓人覺得「就算他這麼說也說服不了人」。

我的意思不是說，任何人提出的任何主張都該和他的生活態度一致。而是一個人說話有沒有說服力，可能不是你能控制的事情。但你可以意識到「意見的價值並非取決於這個人的生活態度」，以及「斟酌意見時，必須將提出意見的『人』與意見的『內容』區分清楚」。

我們就以「和自己同年，但比自己晚加入公司的同事」為對象，來試試看吧。如果問他為什麼「不懂外語的人，也無法真正了解自己的母語」，你覺得他會怎麼回答呢？請發揮你的想像力。舉例來說：

A　因為之前讀到的論文是這麼寫的。

B　被法語優美的聲調感動，突然想到「不知道有沒有人覺得日語也很優美」，因此發現了日語之美。

C　因為看到知名的雙語人士不僅英語流利，對日語似乎也非常了解。

我們平常提出的根據主要有三種，分別來自「資料或專家的見解」、「個人經驗」，以及「自己本身的想法」。上述例子中，A屬於資料或專家的見解、B屬於個人經驗、C屬於自己本身的想法。

這當中最缺乏說服力的是來自「個人經驗」的根據，因為個人經驗多半只適用於當事人（也許有人不覺得「法語優美」，或者就算覺得外語聲調優美，也不是每個人都會聯想到自己的母語）。而我在這章特別想要讓大家練習的是「自己本身的想法」。請各位轉動大腦，別再因為覺得別人「說得真好」而停止思考，努力培養如何提出獨特觀點的能力吧！

解答範例

- 因為資料顯示，學習外語能夠加深對母語的理解。
- 這是我學了英語之後的感想。
- 因為拿某件事物與其他事物比較，能夠讓這件事物的本質更加明確；我想這個說法對於母語學習也適用。

培養根據力的問題

2

現在放棄的話，
比賽就結束了。

問題

這個問題借用了井上雄彥的漫畫《灌籃高手》的名言，請你思考這句話的根據。

你不需要去調查漫畫人物說這句台詞時的「真正根據」，只要考慮在一般情況下，什麼樣的根據能讓這個「結論」具有說服力。

如果身邊的人（譬如學生時代的社團同學）說了這句話，而你問他「為什麼會這麼想」，他會怎麼回答？

＊注意：這個問題沒有「正確答案」。

提示

請再度思考什麼是「根據」？

「換句話說」不等於「根據」

其實我也常為此陷入苦戰，雖然理智上知道根據不等於說明，但還是忍不住想要回答「因為放棄了就不會有開始」、「因為放棄就代表拋棄機會」之類的答案。然而仔細想想，「比賽結束」也好，「不會有開始」也好，「拋棄機會」也好，說的都是同一件事情。這些不是「根據」，而是「說明」，只不過是用自己的話複述一遍而已。

在課堂上練習回答這個問題時，同學們也和我一樣，把「換句話說」當成了「根據」。「A就是B」這種句型看起來就像某種真理，當大家被要求說出這類句型的根據時，似乎都傾向於「換個更好懂的說法」，而不是「我為什麼會這麼想」。

為了避免答出「看起來很像根據的換句話說」，我們可以試試「先換句話說，再思考根據」的方法。只要意思沒有跑太遠，換成任何說法都可以。舉例來說：

現在放棄的話，比賽就結束了。

↓【換句話說】現在放棄的話，就無法做出任何成果。

各位是否覺得，這不是廢話嗎？

如果要用事實與意見來將這句話歸類（參考第23頁），這個「換句話說」應屬於「意見」的範疇。意見因人而異，不是嗎？既然如此，或許也有人無法認同這句「廢話」。讓我們在此試著提出相反的主張。

解答範例

【相反的主張】即使放棄，也能夠做出某些成果。

思考這句話的根據，譬如：

- 就算我（們）不努力發揮自己的能力，應該也能做出某些成果。
- 只有意志力也無法做出成果。

無論是多麼勵志的話，意見終究只是意見。意見一定要有證據，無法反駁也很奇怪。為了讓各位實際感受到「不管名言多麼勵志，都只不過是一種意見」，才會刻意請你們提出相反的主張，並且思考自己為什麼會提出這樣的主張，主動發現「勵志名言終究和同事平常掛在嘴邊的『意見』沒什麼差別」。

我們現在再回過頭，看看之前的「換句話說」（現在放棄的話，就做不出任何成果）。為了更容易「擠」出根據，我們可以試著讓這句話聽起來「不像意見」。譬如將句子結構改成「我認為……因為……」，最後會變成**「我認為現在放棄的話，就做不出任何成果，因為……」**。

這樣的句子聽起來，「根據」就要呼之欲出了吧？你也可以把「相反的主張」當成根據的線索。

解答範例

【換句話說】現在放棄的話，就無法做出任何成果。

思考這句話的根據，譬如：

- 因為人多半只有在付出努力時，才會覺得自己「做出」某種成果。
- 因為放棄而什麼都做不出來的人很多。

讓我們再多培養一點「擠」出根據的能力吧！下一個問題也沒有「正確答案」。

問題

提出「相反主張」的練習

1 請想出一個很像自己會說的主張。

2 請將問題1的主張轉換成「相反的主張」，並且盡可能列出根據。

解答範例

問題1的答案：作業必須盡快完成。

問題2的答案：作業就算不趕快完成也沒關係。

【根據】

- 不做作業也不會死。
- 因為人生就是要快樂才有價值。
- 如果把作業想成是上司交辦的任務，說不定上司一改變主意，原本的任務也不用做了。

怎麼樣呢？跟之前相比，是不是三兩下就想出根據了呢？

從目標找出根據的問題

你今天必須出席某場會議，
但是你意興闌珊，提不起勁。
距離會議開始還有5小時，
地點在A公司，
從辦公室搭電車約30分鐘。
你們與A公司從幾年前
就開始合作推動這項計畫。

問題

請你想個可以翹掉會議的好藉口（根據）。

＊注意：這個問題沒有「正確答案」。

提示

判斷想要達成的目標，
以及考慮可能發生的最壞情況。

回答這個問題時，請依照以下順序思考：**①判斷目標↓②腦力激盪，想出藉口（根據）↓③考慮說出藉口後會發生的最壞情況**。當你必須表達難以啟齒的事情，也能應用這個思考方式。

步驟1 判斷目標

你的目的雖然是翹掉會議，但也不是只要翹掉就好，而是必須為翹掉會議「想個好藉口」。（為了避免誤會，在此聲明，我並不鼓勵翹班。）

設定目標之後，想一想，當你說出「這次開會我想請假」後，你希望得到什麼？不管對方聽了你的藉口之後臉色多難看，你都想要休息嗎？還是希望就算翹掉會議，也能與對方維持良好關係呢？你必須謹慎思考，鎖定一個「最終目標」。

假設你將目標設定為「與對方維持良好關係」，下一步就是進行腦力激盪，為翹班想個好藉口（根據）。

步驟 2
腦力激盪，想出藉口

腦力激盪時，不要評斷你想出的藉口（根據），譬如「這種白癡藉口太離譜了」，或是「這個藉口聽起來很聰明」等。只要理論上能夠達成目標，能與對方保持良好關係，就把你想到的藉口全都列出來。或者，試著從自己以外的觀點來發想，例如「那個同事會怎麼說」，或是「高中時候的壞朋友會怎麼說」。

範例

有機會「順利翹班，並且與對方維持良好關係」的藉口：

- 昨天開始就有點發燒，懷疑可能是流感。為了避免傳染給大家，還是不要去開會好了。

- 突然發生了緊急問題必須處理。
- 家母突然住院了，現在必須趕去醫院。

步驟 3

考慮最壞的情況

在〈第3章〉的時候，我曾請大家考慮過「最壞的情況」。無論是問題還是根據，在說出口之前務必問自己：「說了這句話之後，可能會發生什麼最壞的情況？」這是為了避免發生意想不到的災難，事後才來後悔，也是為了確認能為自己的發言負起責任。

如果我們說出了前面列出的「根據」，可能發生的最壞狀況是什麼呢？考慮最壞的情況時，你可以替每個藉口各列出一種狀況，或是列出所有你能想到的狀況，並且盡可能寫得具體。

範例 ✓

說出翹班的藉口後，可能發生的最壞情況：

- 昨天開始就有點發燒，懷疑可能是流感。為了避免傳染給大家，還是不要去開會好了。

↓隔天在公司附近的餐廳約會，如果不小心被遇到，就會破壞對方對你的信任。

- 突然發生了緊急問題必須處理。

↓結果被拆穿根本沒有發生任何問題或事故，導致失去信用。

↓被認為要花很多時間處理問題，或是不懂得危機處理，是個無能的人。

- 家母突然住院了，現在必須趕去醫院。

↓這句話變成了詛咒，導致母親真的住院。

雖然目標是「與對方維持良好關係」，不過像這樣把最壞的情況也列出來，就會發現這些藉口也有可能被認為無能、失去信用、造成彼此的裂痕等。此外，就算關係維持住了，但要是「家母突然住院」的藉口成真了，又該作何感想呢？即使母親是在二、三十年後住院，說不定你還是會認為這是「當時說謊的報應」，這樣的藉口最好還是不要使用。倘若隔天的約會延期也無所謂，那麼可以說出口的大概就只剩下「流感」這個藉口了。

第 5 章

培養語言化的能力

Know Your Words

檢驗語言力
的問題

1「今天真愉快！我們下次再見吧😆*」

2「明天開會麻煩你了🙂*」

3「你最後一關沒過啊……真是太可惜了😢*」

問題

請將右頁的表情符號用你自己的話寫出來。

你可以自由設定右頁句子1至3各自的背景脈絡，
譬如將句子1的情境設定為「相隔十年再次見到高中時候的朋友」。

＊注意：這個問題沒有「正確答案」。

提示

想想看，如果沒有表情符號，
這幾句話的意思會有什麼改變嗎？

你想利用表情符號表達什麼樣的心情呢？

我們在傳送訊息時使用表情符號，想必是覺得「只有文字好像缺了什麼」。那麼，「缺少」的究竟是什麼呢？你在這個「符號」中寄託了什麼樣的想法呢？這個練習要你試著將「符號」代表的心情轉換成語言，也就是**將想法轉換成語言**傳達出去，藉以磨練思考力的根基——「語言力」。

剛開始這麼做的時候，是否覺得比想像中困難呢？會覺得困難，或許是因為我們太習慣使用表情符號了，平常也不太會專注於語言的使用。

思考必須透過語言來執行，**語言是構成「思考」的主原料。如果語言**

使用得粗糙，思考也會變得不細緻。

各位在使用業界慣用語，或「我們將陪伴各位貴賓」、「我們將盡最大的努力」、「〇〇優先」這類婉轉的說法時，是否確認過這些話語的具體含義呢？我們必須有意識地問自己，使用這句話是想表達什麼意思？使用這句話真的恰當嗎？所謂思考，就是隨時真實且誠懇地使用「語言」。

舉例來說，當你思考新商品的企劃時，腦中想到「這項商品現在很受歡迎」。

那麼，「現在」指的是什麼時間點？這一年？這十年？「這十年」是從現在開始算起的十年嗎？還是從幾年前到幾年後？所謂的「幾年」，具體來說是哪一年？「十年」這個說法的根據是什麼？又或者「這十年」指的是「今後」呢？

至於「受歡迎」的意義又是什麼呢？是「需求」，還是「產生共鳴」？或者是「雖然尚未看到需求，但需求將在今後出現」？在這一句話中，光是「現在」與「受歡迎」，就已經有許多必須考量的部分。

更進一步來說，「現在很受歡迎」到底是發生在哪裡的事情？既然說到「受歡迎」，在某種程度上勢必得限定地點。這個地點是日本，還是全球？「全球」指的是部分先進國家嗎？或者就是字面上的「全球」，沒有任何一個應該排除的國家或地區？假設地點是「日本」，又是受到日本的什麼人歡迎呢？年輕人？住在都市的有錢人？還是……

我們光是探究一句話就花了不少篇幅，但「思考」或精確使用語言就是這麼一回事。你可能會抱怨，一一質問每個詞彙的意義太累了，而且你也沒有這樣的時間。

讓我再強調一次，**使用的語言不精確，就只能產生粗糙的想法**。而且上述這種程度的「思考」，只要利用滑手機的零碎時間就能做到。

假設針對前面提到的「這項商品現在很受歡迎」仔細釐清每個詞彙的意義，會帶來什麼樣的結果呢？（左頁上圖）

將「這項商品現在很受歡迎」說得更具體

	【問題】	【釐清意義之後】
「現在」	➡ 何時？	➡ 人口邁入高齡化之後
「受歡迎」	➡ 何地？	➡ 日本的都市地區
	➡ 受誰的歡迎？	➡ 高收入的消費者

**人口邁入高齡化之後，
這項商品在日本都市地區受到高收入的消費者歡迎。**

原本只是模模糊糊地想到「這項商品現在很受歡迎」，但釐清詞彙的意義後，這個點子或許就變成了「在人口高齡化的時代，適合住在都市的高收入消費者的商品」。不斷問自己「現在使用的這個字是什麼意思」，就能使思緒更加清晰，甚至能夠看見突破口。

更重要的是，**確實掌握詞彙的意義，就能為自己的思考負起責任**。

表明想法與意見是一種自我表現。思考的時候若無法充分掌握語言的意義，就對外宣稱「這就是我」，實在太可怕了。因為當你這麼說的時候，並不清楚自己真正在說什麼。

此外，確實掌握意義再使用語言，是與不同文化的人溝通時的必備技能。使用精確的語言，經過確實的思考，才能自信滿滿地說出「這是我的想法」。

本章將澈底推敲詞彙的意義，幫助各位在腦中建立語言思考的迴路，磨練使用語言的能力。

解答表情符號問題的訣竅

一旦將表情符號轉換成文字，往往會變成「微笑」、「難過」等用來表現情緒的老套形容詞。

然而這個練習重點，是你希望賦予這些表情符號什麼意義。

你可以問自己：「我使用這個表情符號，是想要表現什麼呢？」也可以思考：「假如沒有這個表情符號，這句話會變成什麼感覺呢？」你覺得「今天真愉快！我們下次再見吧」或「明天開會麻煩你了」這兩則訊息，如果沒有表情符號，會給人什麼樣的印象呢？

今天真愉快！我們下次再見吧

今天真愉快！我們下次再見吧😆

如果你覺得，只有「今天真愉快！我們下次再見吧」無法傳達自己的愉快或情緒亢奮的狀態，那麼答案可以是「今天真的太開心了」、「我的情緒到現在還是無法冷靜」等。

如果你覺得「明天開會麻煩你了」感覺太嚴肅，那麼答案可以是「加個笑臉符號，希望可以讓辦公氣氛看起來不這麼嚴肅」。

解答範例

1 「今天真的太開心了，我的情緒到現在還是無法冷靜！我們下次再見吧！」

2 「明天開會麻煩你了！加個笑臉符號，希望可以讓辦公氣氛看起來不這麼嚴肅。」

3 「你最後一關沒過啊……真是太可惜了，我也感到很震驚。」

磨練語言力

這個詞對我來說意味著什麼呢？我希望各位在思考時能隨時意識到這一點，並以此磨練對語言的感覺。不過要是得隨時留意每一個字，也會變得很難做事。那麼為自己立下規則如何呢？譬如撰寫工作上的電子郵件時，一定要問自己：**「這麼寫真的恰當嗎？」**

我從事教師的工作，有很多機會講評學生提出的作業，雖然大都是稱讚，我也會反覆思考這份作業給我什麼樣的感受，以及使用什麼樣的詞彙才能表現我的滿意程度。出色、佩服、精彩、撼動人心、甘拜下風……我從腦中的詞彙庫反覆挑選斟酌，挖掘出最適當的形容。

各位在撰寫工作郵件時，有很多細節必須細想如何寫才恰當，譬如「請多多指教」，是「接下來」請多多指教？還是「今後」請多多指教？雖然都是希望與對方繼續維持工作上的關係，但「接下來」與「今後」的狀況明顯不同。就我來看，使用「接下來」像是在對某項專案的合作夥伴說：「這項專案至今麻煩你很多，接下來也請繼續幫忙。」至於「今後」的感覺則是「雖然這件案子完結了，希望我們能繼續維持合作關係」。

平常仔細斟酌語言，絕對能夠提升思考力。思考就像一種習慣，請務必培養起來。

思考語言意義的問題

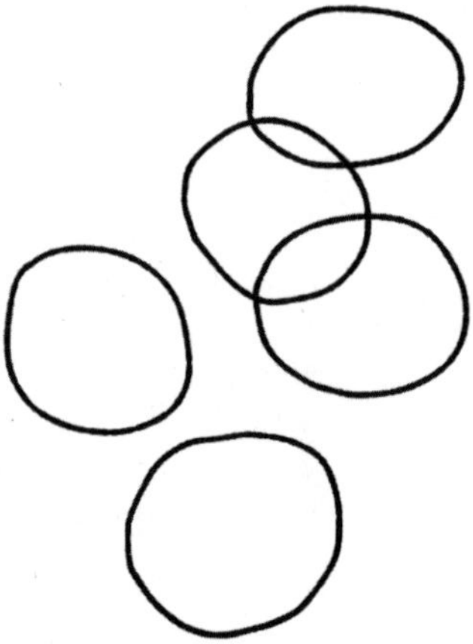

有紅、藍、褐、白、綠
這五種顏色的橡皮筋，
每種顏色各一條。

問題

請想出一個可以同時使用所有橡皮筋的方法，創造橡皮筋的最大價值。

你也可以使用橡皮筋以外的東西，來完成這個「創造最大價值」的方法。

＊注意：這個問題沒有「正確答案」。

提示

思考「最大價值」的定義。

「最大價值」是什麼？

這個問題來自描述史丹佛大學課程，婷娜・希莉格的《真希望我20歲就懂的事：史丹佛大學的創新×創意×創業震撼課程》（Tina Seelig, *What I Wish IKnew When I Was 20*）一書。我稍微改編了一下，目的是讓各位實際感受思考語言的意義能夠帶來多大的突破。

首先說明問題的解法。

這個問題的重點在於如何理解「最大價值」，以及對「五種顏色的橡皮筋」進行深入思考。模式有兩種，一種從「價值」的意義開始思考，另一種則從橡皮筋的特性開始思考，可以選擇自己覺得比較容易的方式。

A

從「價值」的意義開始思考

①思考你想要創造出什麼價值→②將五色橡皮筋與「最大價值」結合起來→③思考創造價值的具體方法

B

從五種顏色橡皮筋的特性開始思考

①思考五種顏色橡皮筋的特性→②列出使用「五種顏色」或「橡皮筋」才辦得到的事情→③思考你能夠從這些事情中創造出什麼價值

我們依序由A開始說明。

A 從「價值」的意義開始思考

①自己想要創造什麼樣的價值

聽到「價值」你會想到什麼？經濟上的價值？金錢買不到的價值？對「價值」的片面想像會導致思考狹隘，我們可以先查辭典，確認「價值」的定義，包括「對事物的『有益程度』、經濟上的價值，或是『愛』、『善良』等道德上的價值」。

釐清定義之後，先暫時忘掉橡皮筋吧，想想對自己而言最重要的價值是什麼。沒有靈感的話，也可以想像「某個『對象』絕對想要達成的目標」；如果這個目標實現了，似乎也可以算是某種價值。

然而這個「對象」是誰呢？是自己？是社會？還是全人類？

我在本章的開頭提到，思考「現在很受歡迎的商品」時，去深究這項商品在「什麼時間點」和「什麼地方」受到「誰」的歡迎，這件事情很重要。探索語言的意義時，和上述方法一樣，必須深究**時間、地點、對象之類的脈絡**。

假設經過思考之後，得到的結果是以「全世界的人」為「對象」，「時間點」是「今後」，「價值」的意義則是「平等」。那麼接下來你該想，這個價值是否能被稱為「最大價值」。「全世界人們眼中的平等」似乎稱得上是「最大價值」，所以不需要調整；如果你覺得你思考之後得到的價值稱不上「最大」，就必須想辦法將其提升為最高級。

以「財富」為例，要提升到最高級，可能得是「千萬鉅富」。或者將「溫柔」描述為「母親般的溫柔」也可以，因為這個「最高級」不一定要站在客觀的角度，採取主觀立場也沒問題。重點是將自己想到的「價值」提升到對自己而言最高級的程度。

②將五種顏色的橡皮筋與「最大價值」結合起來

我們繼續以「平等」為例子來試想看看。

雖然最終必須想出使用五種顏色的橡皮筋創造平等的方法，但一下子就進入「該怎麼使用五種顏色的橡皮筋帶來平等」的問題，可能會卡住無法前進。所以我們換個問法：

「五種顏色的橡皮筋與『平等』有什麼共通點呢？」

「該怎麼做，才能強行將五種顏色的橡皮筋與『平等』結合呢？」

當你思考這兩個問題時，你會想到什麼？

沒有靈感的話，就想像這五種顏色橡皮筋的「特性」。如果手邊有橡皮筋（只有單色也沒關係），實際拿起來摸一摸，把玩一下，會更容易有想法。譬如它們分別是紅、藍、褐、白、綠五種顏色，都是圓形、環狀的，有彈性，可以伸縮，可以像手鍊一樣戴在手腕上，可以排出圖形……

選出可以讓你聯想到「平等」的特性，譬如「環狀」可以聯想到「將橡皮筋的形狀整理成一個正圓形，從中心到圓周上的任何一個點都會一樣長；如果不是正圓形，長度就不會均等；換句話說，要想獲得平等（長度），需要先付出努力（把橡皮筋整理成正圓形）」這樣一番大道理。

除此之外，橡皮筋或許也可以製作出宣揚平等的符號或手環。

既然橡皮筋有五種顏色，我們可以賦予各個顏色意義，譬如將紅色定義為男女平等、藍色定義為人種平等，或者把這五個橡皮筋比喻為地球上的五塊大陸。

這個問題沒有「正確答案」，請發揮想像力，不斷拓展自己的想法。

③思考創造價值的具體方法

根據②想到的點子來舉例：

- 賦予每種顏色橡皮筋不同的意義，譬如紅色是男女平等、藍色是人種平等、白色是生活中想要達成的平等（員工的平等、家庭的平等），諸如此類。接著發起一項運動，把橡皮筋當作手環，把你最希望達到的「平等」代表色戴在手腕上。戴著橡皮筋的期間必須付出實際行動，為這項「平等」做出貢獻，然後再把這條橡皮筋託付給下一個人。

- 一種顏色的橡皮筋代表一塊大陸，把這五條橡皮筋結合在一起，設計出像花朵一般的圖案，用來表現「地球」，視為「地球上人人平等」的象徵。最後將這個圖案送給小學或地方政府使用。

接著說明B的另一種解法。

B 從五種顏色橡皮筋的特性開始思考

①思考五種顏色橡皮筋的特性

前面介紹的思考方式是將「價值」的意義轉換為語言，這個方法則是為了廣泛探索「五種顏色」與「橡皮筋」的意義及可能性。

思考特性時，最好將「五種顏色」與「橡皮筋」分開。如果把「五種顏色的橡皮筋」當成整體來看，想法會難以整合，譬如你以為自己正在探索顏色的特性，意識卻已經跳到關於材質的部分。（在做A的練習時，如果將「五種顏色」和「橡皮筋」分開思考比較容易，那就這麼做吧。）

●五種顏色的特性

除了便於識別，每種顏色都可能蘊含意義，諸如此類。

●橡皮筋的特性

能伸能縮，不需要特別去買，生活中隨手可得，纏在物品上能夠止滑，被彈到雖然會痛但不至於受傷，諸如此類。

②列出使用「五種顏色」或「橡皮筋」才辦得到的事情

所謂「辦得到的事情」，可以是一個裝置或機關。至於要選顏色還是橡皮筋，就看哪一種對你來說比較容易。在這裡以「橡皮筋」為例子說明。

思考橡皮筋才能辦到的事情時，必須留意前面列出的「特性」。譬如「纏在物品上能夠止滑」的特性，讓人聯想到「纏在鉛筆這類容易滾動、掉落的文具上，可防止這些狀況發生，手握的時候也比較不滑」。此外，這個裝置可以兼顧不只一項特性，譬如活用「能伸能縮」與「隨手可得」的特性，來「製作簡易彈弓」。

③思考你能夠從這些事情中創造出什麼價值

想像一下，如果這件事情發生在什麼樣的場合會讓人開心，因為「讓

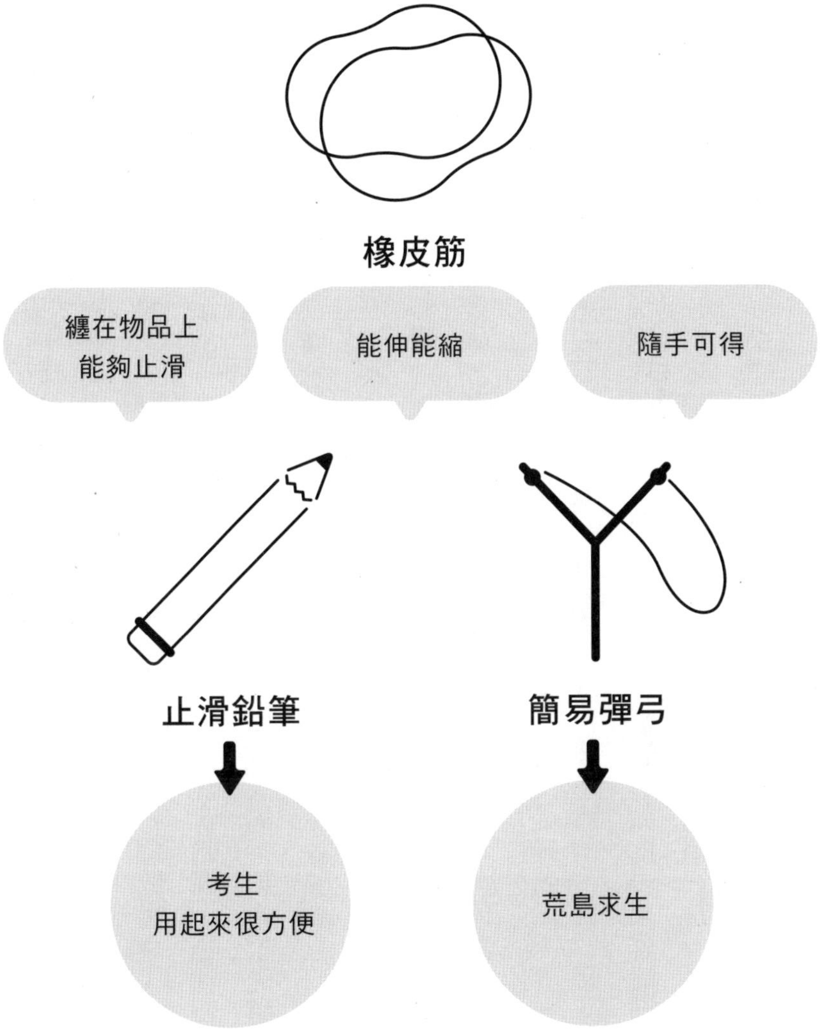
橡皮筋
纏在物品上
能夠止滑
能伸能縮
隨手可得
止滑鉛筆
簡易彈弓
考生
用起來很方便
荒島求生

人開心」代表產生了某種價值。

舉例來說，在什麼樣的場合擁有「纏上橡皮筋以防滾落或手滑的物品」會覺得開心呢？鉛筆滾落會造成嚴重損失或帶來重大打擊的場合……考場如何呢？如果考試到一半，鉛筆滾落到地上，不僅浪費時間，也會使考生感到焦慮，因為他們對「掉落」這件事可是非常敏感的。於是乎先將鉛筆纏上橡皮筋，考試時就能安心。

接著我們來想想如何活用「五種顏色」這項特性。

參考剛才列出的答案，其中「每種顏色都能蘊含意義」或許能為考生的鉛筆帶來附加價值，例如「紅色代表努力、白色代表相信自己、綠色代表健康……將賦予了意義的橡皮筋纏在考生的鉛筆和橡皮擦上，代替護身符，也可以止滑，避免東西掉到地上造成的心理打擊」。如此一來就能創造出「考生的心靈支柱」這項「最大價值」。此外，以五種顏色為一組，製作「考試祈福小物」販賣，說不定還能拯救地方的橡皮筋工廠，創造出另一種「最大價值」。

利用這種思考模式擴大聯想，譬如「如果能夠用（五種顏色的）橡皮筋做到這件事，同樣也能做到那件事，就能帶來這樣的喜悅……」。不要有任何拘束，就能更容易拓展你的想法。

最後再試著回答另一個類似的問題，感受一下自己對於「預算」、「時間限制」、「最大的幸福」有多少理解，又是如何將自己建立的「意義」與創意結合。無論是前面的橡皮筋問題，還是這個問題，都是訓練我們如何從有限的資源創造出有趣的想法。

利用有限資源
產生有趣點子

預算500日圓，限時一個星期。

問題

你可以活用手機、人脈或任何自己擁有的資源，但是能夠使用的資金就只有五〇〇日圓。請思考在前述的條件下如何創造最大的幸福。

＊注意：這個問題沒有「正確答案」。

提示

請確實定義問題所使用的詞彙。

釐清語言的「定義」

這個問題同樣改編自《真希望我20歲就懂的事》介紹的例子。

回答這個問題必須注意以下三點：

A　**定義什麼是「最大的幸福」**

這是「對誰來說」最大的幸福？為什麼這麼做可以稱得上是「最大的幸福」？賦予定義的同時也要思考理由。

B　**你有五〇〇日圓的預算，不等於就要把五〇〇日圓全部用完**

C　**限時一個星期，意思是只要在一個星期內做完這件事即可（一分鐘也好，三天也好，都無所謂）**

請依照自己的想法來定義「幸福」。回想一下，自己平常會因為什麼樣的事情而感到幸福呢？

思考這五〇〇日圓可以有哪些用途，並且列出所有你想得到的點子。

你想到哪些幸福的方法呢？以下是一名小學生和兩名大學生的回答。

解答範例

- 用五〇〇日圓搭電車去媽媽的公司，緊緊抱住媽媽，再搭電車回家。媽媽喜歡我緊緊擁抱她，看到媽媽非常開心的樣子就是我最大的幸福。
- 帶著五〇〇日圓買的兩罐啤酒，和女朋友登上山頂後一起享用。為什麼這樣就是幸福？因為：

1 我非常喜歡登山。

2 登山的路程通常很困難，努力克服困難之後的啤酒特別好喝。

3 和喜歡的人一起喝啤酒是無上的美味。

4 山頂的景色一定非常棒。

- 一整個星期都把五〇〇日圓的硬幣裝在衣服的口袋裡，持續思考「這五〇〇日圓有哪些用途」。捐出去、存起來、買彩券、買自己喜歡的東西、給弟弟、當紙鎮使用；思考如果一天的薪水是五〇〇日圓，生活會變成什麼樣子；認真設想如果把這五〇〇日圓捐出去，能夠為對方帶來什麼貢獻——以前從來沒有機會像這樣持續思考關於金錢和自己能做的事情，擁有如此難得的經驗，對我來說就是「最大的幸福」。

第 6 章

懷疑常識
與自己的理解

Flexibility

懷疑常識
的問題

最喜歡躺著的某某小姐
想要把躺著當成工作。

問題

列出所有你想得到的「躺著工作」的職業。

需要注意的是，
「躺著」在這裡指的是「橫躺」（也可以睡著），
「工作」指的是能夠獲得報酬的工作。

＊注意：這個問題沒有「正確答案」。

提示

想一想，看似負面的事物有什麼優點。

「解決問題」需要靈活的思考

這個問題的目的，是要加強我們解決問題的能力。把躺著當成工作，與解決問題有什麼關聯？讓我來說明一下。

想必大家已經非常了解，擁有解決問題的能力是多麼重要的一件事。在本書開頭介紹的「必備技能TOP 10」中，這項能力可是拔得頭籌。

這麼說或許過於理所當然，但「問題」之所以被視為「問題」，就是因為尚未被解決。問題沒能解決，多半是因為現有的方法遇上了瓶頸。**既然現有的方法無法解決，就只能尋找目前沒有的方法了。**

這個問題的靈感同樣來自《真希望我20歲就懂的事》。聽說在史丹佛大學課堂上，老師會要求學生將自己想到的最佳與最差解決方案寫在紙上交給他，然後將寫著最佳方案的那張紙撕碎。**因為人們平常想得到的最佳解決方案，通常都是老生常談，沒什麼了不起。**

至於寫著最差方案的那張紙則交給其他學生，要他們想辦法把最差的轉變成出色的方案。就在這樣的腦力激盪下，誕生了一些非常獨特的想法。我也給學生出過類似的練習，那些「異想天開」的方案經常有著特殊的著眼點，產生了非常多有趣的點子（之後會和各位分享）。

當問題被解決之後，我們常會發現解法異常簡單。例如哥倫布在認為「雞蛋不可能立在桌子上」的人面前，將雞蛋的底部敲破，把雞蛋立起來給他們看……這個故事很有名，但為什麼沒有人提點，我們就不會發現這些「極度單純」的解決方法呢？

原因之一在於偏見。雖然沒有人這樣告訴他們，但認為雞蛋無法立起來的人都擅自覺得「不可以敲破雞蛋」。在多數情況下，我們對於自己的偏見渾然不覺。

這個問題就是要我們有意識地去挖掘那些「異想天開」的方法，質疑自己的偏見，思考「如果這個想法能夠實現，會發生什麼事」。如果做不到這點，就不可能找出「目前沒有的解題方法」。

「躺著工作」這個問題，就是為了鍛鍊「將原本想都不會去想的點子升級成為可能實現的想法」。如果做得到這點，就能培養出靈活的問題解決能力。除此之外，本章還要磨練你解決問題的彈性思考力。

解答「把躺著當成工作」的問題

解這個問題的重點，應該要思考躺著的優勢。既然要當成工作，總會希望能找出一些優點和好處，不是嗎？

具體來說，這個問題可以從兩個方向來解：

A 思考「不躺著就不會誕生的商品」

B 思考「躺著才能開發出來的商品」

以下將分別進行說明。

方向 A 不躺著就不會誕生的商品

「把躺著當作工作」，換句話說，「躺著」對這項工作而言是不可或缺的行為。

有哪些工作不得不躺著呢？如果能夠立刻想出答案，那就沒什麼問題；倘若覺得困難，或是希望想得更遠，必須試著改變思考方式。

許多工作會以開發商品、服務、系統等為前提，所以我們可以試著思考**「不躺著就不會誕生的商品」**。如果沒有人躺躺看，就無從得知商品的優缺點，或是服務還有哪裡需要改善……你想到了哪些工作呢？

與「躺」直接相關的商品，大概就是寢具、夜用型紙尿布和安眠小物吧？「調查寢具舒適度的寢具開發員」、「紙尿布與安眠小物測試員」，以及「如何讓膠囊旅館睡起來更舒服的研究」，似乎都能躺著工作。從安眠小物更進一步發展，或許會得到「開發減輕褥瘡的產品」之類的點子。

方向 B 躺著才能開發出來的商品

這次只限能夠產生獲得報酬的工作，而老闆通常不會付錢給只會酣睡的人。我們必須讓陌生人從「躺」這項行為看見「值得付錢」的價值。

所以，我們必須思考「躺著」到底能夠創造出什麼價值。突然接到這樣的要求，也許很難想出點子。先不管價值的有無，總之試著列出所有想得到的「躺著就會產生的事物」。

舉例來說，躺著就會產生的事物：呼吸、鼾聲、磨牙、壓平衣服、占空間、體溫。

如果你很難想像「產生的事物」，先問自己對於「躺著」這項行為了解多少，做為思考前的準備。了解自己**「對於〇〇了解多少」**是解決問題的必要提問，幫助你掌握對問題是否確實理解。

列出對於「躺著」的理解敘述，就能聯想出這項行為「產生的事物」。舉例來說，已知躺著「需要一定的空間」，那麼「躺著」這件事就會「占空間」。

或許也有人不擅長「列出所有想得到的項目」。如果遇到這種情況，分門別類的思考應該會比較容易。列出清單時，可以如以下這般，將類別考慮進去。

- 從口腔產生的事物→呼吸、鼾聲、磨牙

- 從身體產生的事物↓壓平衣服、占空間
- 在身體周圍產生的事物↓體溫

不論是製作任何清單，最重要的是不可以排除你覺得「無聊」或「理所當然」的事物（譬如「需要一定的空間」、「棉被裡會變得很溫暖」）。

回想一下前面提到的史丹佛大學課程，那些你覺得「似乎不太好」、「好像很無聊」的答案，其實比你覺得「看起來很不錯」的答案蘊藏著更寬廣的可能性。

如果「產生的事物」清單中，有哪一項看似可以直接變成「工作」，就可以當作答案（譬如「壓平衣服」↓「專門壓平衣服的服務業」）。

設定脈絡或狀況

什麼都想不到的時候，強制設定脈絡，或者該說「狀況」，也是一個方法。心理學經常提到，對人類來說，要從兩件毫無脈絡的事物中找出關係很困難；但如果在兩者間加入特定的脈絡，就很容易產生關聯性。

請試著將「產生的事物」與「工作」這兩項乍看毫不相關的要素，賦予場所、狀況等各種不同的脈絡。不妨把可以當成工作地點的場所做為「脈絡」，譬如工廠或辦公室。如果是在「工廠」，可以將「壓平衣服」與「工作」結合在一起，譬如在工廠內鋪床。這樣一來，不插電也可以壓平衣服的「壓平業」似乎就能成立。至於在「辦公室」，可以將「占空間」結合「工作」，創造出「將床鋪在通往休息室的走廊上，避免員工一直偷懶休息」的業務，你覺得如何呢？

雖然兩者看上去似乎沒什麼意義，然而正因為沒有意義，才需要去想「如果這個想法實現的話會怎麼樣」。強行將無意義的想法當成現實，更進一步深入思考，就能挖掘出隱藏的潛力。

譬如工廠的「壓平業」，可以在停電的時候成為「人力熨斗」。此外，將工廠的一角布置成讓人睡得舒適的場所，不需要耗費電力也能隨時壓平衣服，為減少二氧化碳排放帶來些許貢獻，說不定還能當成小小的副業——像這樣的思考過程，就是讓想像力自在馳騁。

如果實現另一個「堵住往休息室的走廊」的工作，員工大概會抱怨吧？堵住走廊是為了避免有些人總是在休息，而大家的抱怨創造了一次機會，討論「這些人為什麼常常需要休息」，也許能成為改善工作內容或勞動環境的契機。

綜合前面的思考練習結果，我們可以發想出哪些「躺著的工作」呢？例如調查寢具舒適度的寢具開發員、衣物壓平業（完全不用電就能達到燙平衣物的效果）、睡眠陪伴業……

或許也有人覺得這些工作不切實際，但是想想前陣子大受歡迎的「無限氣泡紙」，就是從包裝使用的氣泡紙發想出可以永遠擠壓出嗶啵聲的玩具。增加稜角的「積木橡皮擦」，構想也來自「橡皮擦的稜角如果擦圓，就會變得不好用」的使用經驗，這些商品都來自可能被批評為「無意義」或「理所當然」而遭淘汰的點子。

讓我們回到正題，試著回答剛才介紹的「將最差的點子轉換成出色想法」的問題吧！

這個問題是想讓你體驗如何透過「將異想天開的方案轉換成出色的提案」，來創造出獨特的想法。但正是因為異想天開，所以平常不容易想到。請先試著**將異想天開的方案用清楚的語言表達出來，再轉換成出色的提案**，並且好好享受這個神奇的過程。

將最差的點子轉變成最棒的點子

A　一定會掉出搖過的碳酸飲料的自動販賣機
B　嬰兒用的信用卡

問題

想出一個你覺得最差的事業計畫，
然後轉換成出色的事業計畫，
但不能改變這個計畫的本質。

如果想不到，可以借用右頁兩個例子來思考。

*注意：這個問題沒有「正確答案」。

提示

回答這個問題之前，可以想一想下列兩件事：
如果實際進行這項計畫，會發生什麼事？
若要讓人認為「這個計畫不錯」，需要那些根據？

「最差的方案」帶來的啟示

解這個問題之前，可以試著回答下列三個問題。

1 假如實現「最差的方案」，會發生什麼事？
2 「最差的方案」哪個部分「最差」？
3 如果要說服別人「最差的方案」絕對不差，你能夠想到哪些根據？

問題1是為了強制擺脫「這麼差的想法，怎麼可能真的去做」的偏見，問題2是為了評估「最差的要素」是否有改善的可能，問題3則是為了更進一步實現方案。

無論是工作還是私生活，如果遇到瓶頸，請試著想出「最差的方案」，並且自問這三個問題，說不定就能找到突破口。

以下就拿「一定會掉出搖過的碳酸飲料的自動販賣機」為例，針對這三個問題來說明。

問題 1 假如實現「最差的方案」，會發生什麼事？

如果實現了「一定會掉出搖過的碳酸飲料的自動販賣機」會發生的事情：

- 如果馬上打開，碳酸飲料就會到處亂噴，弄髒臉和衣服等。
- 如果馬上打開，碳酸飲料就會到處亂噴，導致能夠喝的量變少。
- 如果不想弄髒衣服，或是不希望喝的量變少，就必須等一下才能喝。
- 大概只有好奇的人才會買。

當你思考「如果實現的話」，或許就會開始對這件事冒出很多疑問，請把覺得有問題的部分寫出來。

關於「一定會掉出搖過的碳酸飲料的自動販賣機」的疑問：

- 如果喝的量減少或是會弄髒衣服，真的會有人要買嗎？

問題 2 「最差的方案」哪個部分「最差」？

「一定會掉出搖過的碳酸飲料的自動販賣機」最差的部分：

- 會弄髒臉或衣服
- 能喝的量變少
- 必須等一下才能喝

想一想，這些「最差的部分」是否能夠改善？

如果掉出的碳酸飲料一定是被搖過的狀態，那麼弄髒衣服、能喝的量變少、要等一下再喝，這也是無可奈何的事。

如果想要「改善」這點，那就不應該去搖晃碳酸飲料，如此一來，原本的點子就不成立了。所以我們應該往另一個方向去思考，即使碳酸飲料被搖過，消費者也不會因為衣服被弄髒或能喝的量減少而抱怨的方法，譬如讓消費者穿上雨衣或弄髒也無所謂的衣服，或是既然能喝的量減少了，售價就便宜一些。

這麼想的話，是否開始覺得實現這個最差方案也不錯呢？

為了讓這個方案確實能夠實行，請試著回答最後一個問題。

問題 3

如果要說服別人「最差的方案」絕對不差，你能夠想到哪些根據？

如果要說服別人「某某方案絕對不差」，該怎麼說好呢？

這個問題能夠非常有效地幫助我們換個角度思考，因為要編出「絕對不差」的理由，換句話說就是賦予這個說法正當性。這樣的練習可以發動驚人的「根據力」。

「一定會掉出搖過的碳酸飲料的自動販賣機」這個點子一點也不差的根據：

- **雖然能喝的量減少，金額可以設定得比較低。**
- **能夠獲得平常得不到的體驗。**
- **「掉出來的碳酸飲料一定是搖過的狀態」能夠引發話題。**
- **辦一場比賽，看大家打開碳酸飲時的反應會很有趣。**

將答案中出現的「穿弄髒也無所謂的衣服」、「成為話題」、「反應比賽」等要素結合在一起，就會出現以下的解答範例。雖然是大學生想出的答案，但我認為回答得很不錯。

解答範例

【最差的方案】

一定會掉出搖過的碳酸飲料的自動販賣機

【出色的方案】

這個方案的執行場合限定在夏天的海邊或游泳池，對象則限定為知名度相對較低的飲料品牌。飲料的價格設定得比其他品牌的飲料便宜，自動販賣機內則藏著相機，將購買碳酸飲料的人被噴出的泡沫嚇到的樣子拍下來。只要購買的人按下OK按鈕，相片就會上傳到網路，自動投稿到「趣味反應大賽」，被選為第一名的人可以獲得這款飲料一年份。這樣一來，品牌的知名度也會跟著提高。

【最差的方案】

嬰兒用的信用卡

【出色的方案】

以嬰兒的名字製作附有信用卡功能的卡片，當作生日紀念，並且讓人可以在初次參拜、七五三節、入學、畢業等重要節日匯入祝賀金。在成年之前，信用卡帳單由監護人支付，成年之後就能當成普通的信用卡使用。

察覺自己的「似懂非懂」

我們再來做一個問題練習。

透過這個練習，我們將會質疑自己的偏見，質疑自己似懂非懂的狀態。人們原本應該對某件事情有了充分理解後，再針對這件事情展開思考。遺憾的是，很少人能夠做到「充分理解」，多數情況都是明明不懂卻自以為懂。

似懂非懂是無法突破現狀的，唯有擺脫似懂非懂的狀態，才能提升思考力。

在回答問題之前，請先閱讀以下故事。這是木村裕一創作、阿部弘士繪圖的《暴風雨的夜晚》（あらしのよるに）部分摘要，故事的主角是狼與羊。

卡普狼與羊咩在暴風雨的夜晚相遇，並且成為了朋友。但是狼與羊是掠食者與獵物的關係，所以他們都對同伴隱瞞了彼此是朋友的事實。以下段落是卡普狼與羊咩認識後，第二次出去玩時發生的事情。

這是一部曾改編為動畫與舞台劇的知名作品，也許有讀者已經看過這個故事，但希望各位在閱讀時可以拋開先入為主的想法。

摘錄自《暴風雨的夜晚》第三章〈雲隙中〉

午後的太陽終於從雲隙中探出頭來。白楊行道樹落下成排的影子，路旁浮現了鮮豔的綠意。

某天午後，羊咩在約好的地點與卡普見面，而他出門時才被青梅竹馬的塔普告誡，千萬要小心狼。

「嘻嘻，我實在無法跟他說等一下要和狼見面呢。」

「呵呵，我也是。我也絕對沒辦法跟夥伴說我跟羊成為朋友什麼的啦。」

「這是只屬於我們的祕密。」

羊咩壓低聲音說，卡普則不好意思地笑了。

「你這樣說，我的心臟可是會噗通噗通跳喔。我有點想小便，容我失陪一下。」

卡普說完走進樹林。他前腳剛走，塔普就來了。

塔普說：「這附近有狼出沒，你藏進灌木叢裡吧！」

「我知道啦！」羊咩回答。

卡普從樹林回來後，他們倆愉快地聊天。結果塔普又來了。羊咩為了避免塔普撞見卡普，就約卡普一起去別的地方。但他自己卻被塔普發現了，塔普要他躲進桂花樹下的灌木叢。

「桂花樹的氣味特別重，不是嗎？所以也能蓋住羊的氣味。」

塔普說完之後離開，但不久之後又回來了。羊咩急急忙忙將卡普拉進桂花樹下的灌木叢，卡普只好拿一大片朴葉蓋住頭，背朝外坐下，將身形隱藏起來。這時候雲層變厚，附近突然變得一片昏暗。塔普以為卡普是羊，對著羊咩與卡普說：「我從剛剛就一直聞到狼的味道。」

塔普拜託羊咩去附近看看情況，羊咩只好答應他的請求。塔普不知道卡普是狼，不斷地說著狼的壞話。卡普雖然忍著不發作，但是到後來漸漸按耐不住了，差點就要襲擊塔普……在千鈞一髮之際，羊咩撲到卡普身上制止了他。結果卡普哭著跑走，塔普則嚇得逃跑。

羊咩確定塔普走了之後，才跑到卡普身邊，對他說：「終於只剩我們了。」

但卡普看起來很消沉。「再怎麼說，像這樣見面還是很難吧……」

羊咩則回答：「所以我們才是祕密的朋友啊！」

卡普問：「我們還能再見面嗎？」

「當然。」

「就算我是狼？」

「我才要問你，你還願意跟我這樣的羊見面嗎？」
「當然，因為我們可是『祕密的朋友』哩。」
卡普在回家的路上，好幾次回頭望向羊咩，羊咩則是一邊揮手，一邊目送他離去。遠遠看著他們的塔普，以為羊咩揮舞著拳頭，卡普則是因為不甘心而頻頻回頭。他自言自語地說：「羊咩那傢伙，真是不簡單啊！」

故事到此為止。各位有什麼想法呢？因為是童書，應該沒有看不懂的地方吧？但就如西林克彥在《似懂非懂：無法培養閱讀能力的真正原因》（わかったつもり 読解力がつかない本当の原因）一書中所指出，其實這種沒什麼看不懂的狀態非常麻煩。至於麻煩的理由之後再說明。我現在要提出兩個關於剛才那段故事的問題。

問題 V

探究故事中沒有提到的細節

1 請回答卡普與羊咩的性別？

2 這個故事發生在什麼季節？

需要注意的是，這個問題沒有正確答案，回答的時候請提出明確的根據。

自己找出「似懂非懂」的部分

明明應該沒有不懂的地方，卻很少有人答得出主角的性別和故事發生的季節，並且提供明確的根據，不是嗎？

這就是「沒有不懂之處」的陷阱。我們確實能夠理解文章的意思，也沒什麼讀不通的地方，但是卻**沒有領會字裡行間的意義**。

所謂「領會字裡行間的意義」並不是「感受氣氛」，而是揚棄偏見，確實去理解文字與文字的連結、句子與句子的連結，以及這裡寫的內容與那裡寫的內容之間的關係。

大家平常以為自己懂的事情，到底有多少是真正「懂」的呢？當你在職場上與私底下被問到耳朵長繭的那些問題，是不是都認為自己懂，所以就隨口回答「所以我才說這樣不行」或「是那個不好啦」？你平時有多常問自己「為什麼會這樣說」、「這是否只是經驗帶來的偏見」呢？

要是一直處在似懂非懂的狀態，就無法真正解決問題。我們明明很清楚這點，卻還是經常認為自己懂，很少覺得自己「似懂非懂」。既然如此，你需要嚴格地問自己：「我現在是不是自以為懂呢？」

這個練習就是為了讓各位體會「似懂非懂」是什麼樣的狀態，又該怎麼做才能達到「懂」的境界。

我一邊講解前面提出的兩個問題，一邊質問理所當然的答案以及其根據，一邊探討通過拼湊細節以加深理解的過程。

卡普＝男生，羊咩＝女生，這樣的回答就能讓你滿意嗎？

首先是問題1「請回答卡普與羊咩的性別」。這個問題在大學的課堂上討論過好幾次，至今依然懸而未決。

多數人認為「卡普是男生，羊咩是女生」，因為卡普經常說「的啦」、「哩」之類的語助詞，還有使用「小便」這類的用語。也有人指出，聽到「祕密」就覺得心臟噗通噗通跳，或者抑制不住衝動的部分，很符合男性特質。

至於羊咩是女生的理由，在於用字遣詞斯文有禮，個性可靠，還有塔普非常擔心其安全等等。

這些說法乍看之下都很合理，我們也覺得在閱讀時把卡普當男生、羊咩當女生沒什麼問題。但這個答案真的沒問題嗎？畢竟也有說話粗魯、行事衝動的女生，有些男生平常說話也斯文有禮。

也就是說，剛才提到的「判斷男生女生的根據」，並不是那麼有說服力。只要做過〈第1章〉的「依照說服力的高低排列根據」的作業，就會很清楚這一點。

也有人引用塔普以為羊咩打敗卡普的反應做為反駁的根據，指出「如果羊咩是女生，塔普應該不會單純覺得『羊咩那傢伙，真是不簡單』」。

另一方面，也有卡普與羊咩應該是同樣性別的說法。因為就算卡普是男生，一般也不會對著異性說自己要去「小便」吧。雖然卡普與羊咩之間的感情有點像是戀愛，但是在「卡普是男生」的前提下認為「戀愛對象應該是異性」，是否太過武斷了呢？

一定會有人批評，這樣討論下去永遠得不出結論。然而我想要表達的是，單憑用字遣詞是粗魯或斯文這類顯而易見的根據就見獵心喜，或者只因為「一般來說是這樣」等理由就急著下結論，是一件很危險的事情。

就邏輯上來說，當我們說「A是B」，就表示「不能說A不是B」。但卡普與羊咩的性別不能以「不能說他不是男生（女生）」來斷定，所以也不可能明辨雌雄。

這代表什麼呢？代表我們明明說不清楚性別，卻以為自己弄懂了。舉例來說，如果深信「羊咩是女生」，很有可能在無意識下忽略了「可以說羊咩不是女生」的線索。**心理學的研究發現，當線索與自己腦中的知識、資訊不一致時，經常會遭到忽視。**

忽略眼前的線索，代表我們可能無法看見完整的事實，導致無法解決問題，甚至可能會以錯誤的方式處理錯誤的部分，產生嚴重的損失。

舉例來說，想要判斷自己的理解是否合理，可以把「羊咩是女生」當成前提，從頭到尾細讀這個故事。如此一來，或許就會發現塔普請羊咩去看附近有沒有狼的情節不太合理。對塔普而言，羊咩似乎是「必須守護的對象」，但如果羊咩是女生，應該不會讓他去做這種危險的事吧？

我們當然也能推翻這個解釋，但重點是，以「羊咩是女生」的前提將故事重新讀過，可以提醒你思考「不能斷定羊咩就是女生」這一點。這樣的思考方式能讓我們再稍微接近真相一些。

各位在職場上如果遇上「絕對是這樣」、「問題一定是出在這裡」的情況，請試著用前述的方法，重新思考每件發生的事情。如果發現了不合理的部分，就是接近真相的好機會。

故事發生在什麼季節？

很多人會依據故事中出現的「桂花」，認為季節是「秋天」。但如同前面提過的，我們不能立刻就被顯而易見的根據吸引而急著做出結論。

上一個性別問題，原則上只有男生或女生兩個選項，答案相對單純。但這個問題的答案不只春夏秋冬，還能更進一步將範圍縮小到「初夏」或「九月上半」等更精確的季節。

那麼該如何縮小範圍呢？依照下列步驟應該會比較容易。

①鉅細靡遺列出所有可能與季節相關的描述。

②根據①的描述查詢相關的知識，思考這些描述提供了哪些資訊。

上一個性別問題也可以利用①→②的步驟來解決問題。現在就讓我來一一說明。

步驟 1

鉅細靡遺列出所有可能與季節相關的描述

譬如自然的描寫、太陽、天氣等，把可當作線索的描述全都列出來。記得，要把原文原封不動地抄下來。如果將「鮮豔」改成「漂亮」，等於加入了你個人的解釋，可能會影響驗證結果。

解答範例

可能與季節相關的描述（原封不動照抄原文）：

A 午後的太陽終於從雲隙中探出頭來

B 白楊行道樹落下成排的影子

C 路旁浮現了鮮豔的綠意

D 桂花樹的氣味特別重，不是嗎？所以也能蓋住羊的氣味。

E卡普只好拿一大片朴葉蓋住頭，背朝外坐下，將身形隱藏起來。

步驟 2

根據①的描述查詢相關的知識，思考這些描述提供了哪些資訊

思考①列出的描述，提供了哪些關於季節的資訊。推理時可以充分利用網路，查詢關於植物、地形、生活的所有知識。對比從個別描述中得到的答案，檢查有沒有矛盾之處。我以大學生的回答為基礎，介紹答案的驗證過程。

進入推理之前，得先思考這個故事發生在什麼樣的地方。前面的清單列出了「白楊行道樹」、「路旁的綠意」、「桂花」、「朴葉」等，如果不

知道這些植物生長的環境，推理出的季節就會產生偏差。

首先，從行道樹是白楊樹這一點可知，這些白楊樹是人們特意種的，所以推測故事的舞台不是野外的森林。此外，桂花在寒冷的地方難以生長，朴樹在海拔極高之處非常少見，因此推測故事發生在「適合人們居住的地方，而且不是海拔太高或氣溫太低的特殊環境」。

接著是季節的驗證。清單中寫著「路旁浮現了鮮豔的綠意」，根據前段推測的結果，故事應發生在「適合人們居住的環境」，於是假設「路旁的綠意」是普通的雜草。一般雜草從九月下旬開始凋零，通常到了十一月已經枯萎了。然而在故事中，雜草依然鮮綠，由此推測季節應是從春天到九月中旬之間。

另外還有一段描述：「桂花樹的氣味特別重，不是嗎？所以也能蓋住羊的氣味。」若討論到氣味，除了這段描述，還有其他部分，就是當塔普和卡普、羊咩一起躲進桂花樹下的灌木叢時，塔普說了：「我聞到狼的味道。」桂花的香氣強烈，常被人們使用於芳香劑中，在故事裡卻無法完全消除狼的氣味。換言之，這個故事可能發生在桂花的香氣沒不是那麼強烈的季節（九月上旬或十一月之後）。

在上一段，我們將季節鎖定在「春天至九月中旬」，綜合這一段的結果，「九月上旬」就成了最適合的選項。

但我們不能直接把適合的選項當成答案，必須以「季節是九月上旬」為假設，再次檢視清單中的其他項目，確認是否有矛盾之處。

那麼，出現在清單中的朴葉呢？卡普「拿一大片朴葉蓋住頭，將身形隱藏起來」，想必是相當大片的葉子。朴葉在夏天會長到最大，到了十一月則枯萎掉落，所以和「九月上旬」的假設並不相違背。

附帶一提，這一段故事是卡普與羊咩在暴風雨的夜晚初相遇之後，第二次相約外出。如果「暴風雨」指的是颱風，那麼「九月上旬」的假設就很合理。此外，如果將「太陽在雲隙間時而露臉，時而躲藏」判斷為「易變的天氣」，也很符合「九月上旬」的假設。

總之，我們最後的推論認為，這個故事發生的季節是在「九月上旬」。但這終究是「推論」與「解釋」，並不是絕對。**只有「事實」能夠稱得上「絕對」，請不要忘記這一點。**

到目前為止，我們已經做了許多關於思考的問題。但身為長年從事英語教育的老師，我最後還有一個問題，請各位務必再動動腦。

問題

尋找主詞

川端康成的小說《雪國》開頭寫著：

「国境の長いトンネルを抜けると雪国であった。」

（穿過縣境長長的隧道，便是雪國。）

這句話的主詞是誰，或者是什麼？

我稍後再公布解答。我們先來看翻譯過川端康成許多作品的愛德華・塞登斯蒂克（Edward G. Seidensticker）如何將這句話翻譯成英文。

The train came out of the long tunnel into the snow country.

（火車穿過長長的隧道，便進入了雪國。）

雖然出色的翻譯令人感動，但或許有人讀了日文與英文這兩種版本後，產生了疑惑。因為這段話在日文版與英文版有不同的主詞。

英文版的主詞是「火車」。火車穿過長長的隧道，最後抵達了雪國。意思非常清楚明確。但在日文原文中，這句話並沒有相當於主詞的部分。那麼主詞到底是什麼呢？這段話省略的到底是什麼呢？

日文句子經常會省略許多部分，包括主詞。不過也有研究者主張，並不是主詞被「省略」，而是日文原本就沒有主詞之類的概念。

另一方面，英文也會「省略」。但英文的省略與日文有著決定性的差異，那就是英文省略的原則是「已經有人說過、寫過的內容，就不再重複」，日文則是「不管有沒有被提過，都會根據脈絡適當省略」。

換句話說，不管在英文句子中省略了什麼，都能立刻找到省略的內容。但日文就不一樣了。在日文句子中省略的內容不一定被提起過，因此讀者必須憑自己的想像和推測填補空白。

對日本人來說，除非遇上特殊狀況，一般都不會覺得這個填空作業有什麼困難，不僅如此，可能甚至不會意識到句子「省略了什麼」或「填入了什麼」。（由此可知，日文溝通建立在接收者的空白填補上，因此被稱為「接收者責任型」語言；至於英文的傳達者必須將一切表達出來，因此被稱為「傳達者責任型」語言。）

於是，以日文為母語的人在「思考」時容易產生盲點。當他們讀到「穿過縣境長長的隧道，便是雪國」這段描述時，不太可能會問說：「究竟是誰穿過隧道啊？怎麼會寫得不清不楚呢？」就算文字省略、曖昧，因為習慣了，所以也不會注意到。然而換個角度看，**這就是在沒有意識到資訊模糊的情況下進行思考。**

我現在來公布答案了。

「穿過縣境長長的隧道，便是雪國。」這句話的前半段與後半段主詞並不相同。前半段穿過長長隧道的是「火車」，或是搭乘火車的主角（名為「島村」的男子），或者說是「島村搭乘的火車」較為恰當。

至於後半段的主詞既不是「火車」，也不是「島村」。這句話可以解釋為「穿過隧道之後抵達的地方便是雪國了」，所以「穿過隧道之後抵達的地方」就成了主詞。塞登斯蒂克的翻譯之所以將主詞統一成「火車」，我想其中一個原因是刻意將「穿過隧道之後抵達的地方」翻譯出來很拗口，此外，即使將主詞統一成火車，在意義上也沒有問題。

我猜，應該有不少人看完剛才關於主詞的說明，才發現「這麼一說確實如此，以前都沒有注意到」。我想這句話應該可以解釋成「不曾意識到自己思考時使用的語言有多含糊」。

我在書中強調過不只一次，含糊的語言只能產生含糊的思考。若能發現自己「含糊」倒也還算好，問題在於，**大部分時候根本沒有意識到自己的「含糊」**。

舉例來說，當我們說出「一般認為」的時候，這個「一般」到底是指誰呢？會使用「一般認為」，是否故意想要模糊主詞？那這個故意不說清楚的主詞到底是誰？為什麼故意不說清楚呢？或者只是因為順口才這麼說的呢？為什麼會覺得「一般認為」說起來很順口呢？不把主詞說清楚，可以得到什麼效果呢？

主詞是誰？句子的主體是什麼？說話時清楚意識到這一點，不僅對外語溝通很重要，對於磨練出社會必備的思考力也是不可或缺。下次如果搞不清楚主體，可以試著將句子翻譯成英文等確實使用主詞的外語。就算文法錯誤也無所謂，清楚意識到「主詞是誰或是什麼」，才能更深入思考問題。

除此之外，也請務必將自己從單一的思考中解放吧。

你是否常聽見有人說「日本很落後」呢？譬如「某某國家的某某措施很棒，反觀日本就很落後」。

站在先進的一方來看，確實會覺得有些地方比較「落後」。但為什麼在這樣的脈絡下，只有「日本很落後」的表現特別突出呢？

我無意強調國族主義，而是疑惑除了「落後」之外，為什麼大家幾乎看不到其他表現？為什麼沒有人提出反對的見解？為什麼很少看到有人站在出發點，提出「雖然已經走了這麼遠，但還有進步的空間」這樣的看法呢？「既然落後就要加油」，能這樣想當然很好，但我總感覺這當中也隱藏著日本特有的「正確解答主義」，也就是大家總認為「答案只有一個」。

書的最後，我要感謝幫助我完成這本書的許多人。

慶應義塾大學的山口高平教授，在AI方面幫我們上了寶貴的一課。

此外，我也從許多大學生、小學生身上獲得了許多點子。尤其是《暴風雨的夜晚》季節推理的部分，慶應義塾大學四年級的廣瀨禮旺同學的分析與想法給了我許多靈感。

感謝各位朋友與學生，陪我解答本書中登場的怪問題。和你們一起動腦的時間是難以取代的寶貴經驗。

我還要向閱讀本書的諸位讀者致上謝意，也請各位務必和朋友們一起愉快地討論本書中的怪問題（可以當成喝酒聚餐的話題）。如同我在文中寫到，這些「無聊」的想法說不定能創造出驚人的未來。

如果本書能助新時代的「思考方式」一臂之力，對我來說就是莫大的喜悅。

狩野未希

國家圖書館出版品預行編目資料

哈佛×史丹佛 成就超一流邏輯思維的 33 問：鍛鍊 AI 時代能勝出的未來力 / 狩野未希著 林詠純 譯一初版 .-- 臺北市：三采文化，2021.11 -- 面；公分 . -- (Trend；71)

ISBN 978-957-658-681-1
1. 思維方法 2. 創造性思

176.4 110016857

Trend 71

哈佛×史丹佛 成就超一流邏輯思維的 33 問
鍛鍊 AI 時代能勝出的未來力

作者｜狩野未希 譯者｜林詠純
副總編輯｜郭玫禎 執行編輯｜吳愉萱 美術主編｜藍秀婷 封面設計｜李蕙雲
內頁排版｜周惠敏 版權經理｜劉契妙 行銷經理｜張育珊

發行人｜ 張輝明 總編輯｜ 曾雅青 發行所｜ 三采文化股份有限公司
地址｜ 台北市內湖區瑞光路 513 巷 33 號 8 樓
傳訊｜ TEL:8797-1234 FAX:8797-1688 網址｜ www.suncolor.com.tw
郵政劃撥｜ 帳號：14319060 戶名：三采文化股份有限公司
本版發行｜ 2021 年 11 月 26 日 定價｜ NT$380

suncolor